RELIGION
IN 30 SEKUNDEN

RELIGION
IN 30 SEKUNDEN

Die 50 bedeutendsten
Glaubensrichtungen und
spirituellen Traditionen

Herausgeber
Russell Re Manning

Mit Beiträgen von
Richard Bartholomew
Mathew Guest
Graham Harvey
Russell Re Manning
Alexander Studholme

Librero

Titel der Originalausgabe »30-Second Religion«

© 2017 Librero IBP (für die deutsche Ausgabe)
Postbus 72, 5330 AB Kerkdriel, Niederlande

© 2011 Ivy Press Limited

Künstlerische Leitung **Peter Bridgewater**
Verleger **Jason Hook**
Redaktionsleitung **Caroline Earle**
Art Director **Michael Whitehead**
Gestaltung **Ginny Zeal**
Gesamtleitung **Linda Becker**
Illustrationen **Ivan Hissey**
Schlaglichter & Glossartexte **Nic Compton**
Stellvertretende Herausgeberin **Jamie Pumfrey**

Aus dem Englischen von **Stefan Hirzel**
Lektorat & Satz: **G & R Vilnius**, Litauen

Gedruckt und gebunden in China

ISBN 978-90-8998-822-5

INHALT

EINFÜHRUNG
Russell Re Manning

Religion erlebt ein Comeback. Natürlich spielte sie im Leben vieler Millionen Gläubiger weltweit schon immer eine wichtige Rolle. Auch wenn Anhänger einer säkularen Gesellschaft im 20. Jahrhundert und die deutlich aggressiveren Vertreter des sogenannten neuen Atheismus des 21. Jahrhunderts das Gegenteil fordern: Religionen und ihre Ausübung sind nach wie vor gefragt – kein Wunder, sind sie doch in ihrer Vielfalt beeindruckend und faszinierend.

Dieses Buch handelt nicht von »Religion« an sich – es gibt ja schließlich auch keine hinreichend klare Definition dafür –, sondern von Religionen. Genauer gesagt, skizziert es etwa 50 wichtige Religionen, angefangen in der Welt der Mythen und alten Traditionen, deren Wurzeln sich in der Vergangenheit verloren haben, bis hin zu zeitgenössischen religiösen Bewegungen.

Religionen manifestieren sich in lebendigen Gemeinschaften von Gläubigen. Das vielleicht Faszinierendste an ihnen ist die Vielfalt der Glaubensinhalte und spirituellen Praktiken, die unter Umständen aber auch verwirrend sein können, da ihre jeweilige Sprache voller Eigenarten und damit zunächst oft unklar sein kann. Dieses Buch soll helfen, 50 bedeutende Religionen ohne Fachbegriffe in einfacher Sprache vorzustellen. Die zentralen Überzeugungen und Besonderheiten jeder Religion sind kompakt und anschaulich dargelegt. Zudem findet sich zu jeder *30-Sekunden-Religion* eine kurze *3-Sekunden-Predigt* und eine *3-Minuten-Theologie*, die etwas tiefer in das Geheimnis der jeweiligen Glaubensrichtung vordringt.

Die Religionen sind in sieben Abschnitte gegliedert. Die *Indigenen*

Reiche Vielfalt

*Für viele Kulturen ist Religion seit Anbeginn Teil des
täglichen Lebens. Von den Hauptreligionen bis hin zu
wenig verbreiteten Sekten erkundet dieses Buch die
Vielfalt und die Symbolik der Religionen dieser Welt.*

Traditionen im ersten Kapitel beschreiben einige der ältesten Religionen der Welt, die meist in engem Zusammenhang mit bestimmten Kulturen stehen. Das zweite Kapitel zur *Östlichen Spiritualität* betrachtet die großen religiösen Traditionen Asiens, während sich das dritte Kapitel mit den *Abrahamitischen Religionen* beschäftigt, deren Anfänge im Nahen Osten liegen und sich auf Abraham berufen. Die nächsten beiden Kapitel befassen sich mit der Vielfalt der am weitesten verbreiteten Religion der Welt: Das *Abendländische Christentum* behandelt christliche Konfessionen, die in Europa entstanden, während *Christentum weltweit* diejenigen Kirchen betrachtet, die außerhalb Europas ihren Ursprung haben. Das Kapitel *Synkretismus* beschreibt Religionen, die Elemente verschiedener religiöser Traditionen verbinden, während das letzte Kapitel der *Neuen Religionen* einige der wichtigsten neuen religiösen Bewegungen des 20. Jahrhunderts untersucht. Dazwischen werfen wir einen Blick auf die sieben wichtigsten heiligen Texte – einige der beständigsten und einflussreichsten Bücher aller Zeiten.

Sie können dieses Buch auf zwei Weisen lesen. Entweder lesen Sie es von Anfang bis Ende und erhalten dabei einen umfassenden Überblick über die schillernde Vielfalt der Religionen und ihrer Praktiken, oder Sie wählen einzelne Beiträge aus und werden von den Gemeinsamkeiten einzelner Religionen überrascht sein.

Begeben Sie sich auf den Pfad Ihrer persönlichen Erleuchtung!

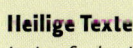

Heilige Texte

Im Laufe der Jahrhunderte wurden die wichtigsten Grundsätze vieler religiöser Überlieferungen in heiligen Texten niedergeschrieben, von denen viele bis heute immer noch verwendet werden.

神道

INDIGENE TRADITIONEN

INDIGENE TRADITIONEN
GLOSSAR

Kosmos Das Universum, vor allem in der Vorstellung der alten Griechen, die das Universum als ein harmonisches Ganzes betrachteten (griech. *kósmos* – Welt). Sie glaubten, das Universum sei vollständig ineinander verwoben und stehe in einem natürlichen Gleichgewicht – eine Überzeugung, die der der heutigen Umweltbewegung Gaia ähnelt.

Diaspora Gruppen einer bestimmten kulturellen Identität, die ihre Heimat verlassen haben. So verweist die religiöse Diaspora auf die vielfältigen Erscheinungsformen eines Glaubens an verschiedenen geografischen Orten. Ursprünglich der Begriff für die Migration von Juden aus Israel verwendet (Griech. *diaspora* – Verstreutheit).

Gottheit Ein Gott oder ein anderes heiliges Wesen. Die meisten Gottheiten verkörpern eine bestimmte spirituelle Eigenschaft oder Lebenskraft wie etwa Ganesha, der im Hinduismus Weisheit und Intelligenz verkörpert, oder Apollon, der antike Gott der Musik.

indigen »Einheimisch« – zu der Region zugehörig, wo etwas zu finden und deshalb im eigentlichen Sinne ursprünglich ist. Die meisten indigenen Religionen haben sich über Jahrtausende entwickelt und sind eng mit der Ökologie der Region verflochten.

Medium Eine Person, die die Geister der Toten und andere paranormale Kräfte kontaktiert und als Vermittler mit den Lebenden agiert. Für den Kontakt fällt das Medium meist in Trance, sodass der Geist dessen Körper verwenden kann, um entweder verbal oder in einer anderen Form zu kommunizieren. Die Praxis ist in bestimmten Religionen weit verbreitet, etwa im Spiritualismus und im Voodoo.

metaphysisch Mit Bezugnahme auf die Metaphysik, die sich mit der wesentlichen Natur des Seins, ihren grundlegenden wissenschaftlichen Wahrheiten und ihrer geistlichen Dimension (griech. *metá* – jenseits, hinter und *phýsis* – Natur) beschäftigt. Die Hauptbereiche der modernen Metaphysik sind: Ontologie (die Natur des Seins), natürliche Theologie (die Existenz Gottes) und universale Wissenschaft (essenzielle wissenschaftliche Prinzipien).

Monotheismus Der Glaube, dass es nur einen Gott gibt, im Gegensatz zu Polytheismus (Vielgötterei) und Pantheismus (Gott ist gleich Natur). Judentum, Christentum und Islam sind prominente monotheistische Religionen (griech. *mónos* – einzig, allein und *theós* – Gott).

orthodox Begeistert und möglicherweise fanatisch, etwa als Anhänger einer Religion. Nicht alle Angehörigen einer Religion sind notwendigerweise orthodox (griechisch aus *orthos* und *doxa* – rechtgläubig). Ein neutralerer Begriff ist »Gläubiger« oder »Anhänger«.

Peyote Ein runder, grüner Kaktus aus Mexiko, aus dem das halluzinogene Meskalin extrahiert wird. Peyote soll bewusstseinsverändernde Trancezustände und Ähnliches auslösen. Die Pflanze wird von mexikanischen Volksstämmen seit über 3000 Jahren für religiöse Riten und zu medizinischen Zwecken verwendet. Heute praktiziert die *Native American Church* den Peyotismus.

Polytheismus Der Glaube an mehr als einen Gott. Die meisten polytheistischen Religionen verehren mehrere Gottheiten, die jeweils unterschiedliche Aspekte der Natur oder des menschlichen Charakters darstellen. Sie werden verwendet, um die Erschaffung der Welt und andere natürliche Phänomene zu erklären. Die meisten modernen Religionen sind polytheistisch, einschließlich des Hinduismus, Konfuzianismus, Daoismus und der meisten afrikanischen Religionen.

Schamane Ein heiliger Mann oder eine heilige Frau wirkt als Medium oder Sprachrohr zwischen der physischen und der geistigen Welt. Schamanen behaupten, übernatürliche Kräfte zu kanalisieren, Krankheiten zu heilen und sogar das Wetter zu kontrollieren. Obwohl der Begriff aus Sibirien stammt, sind sie in den meisten Stammeskulturen weit verbreitet, vor allem bei den Indianerstämmen.

Talisman Ein Schmuckstück oder ein anderes kleines Objekt, von dem man glaubt, dass es magische Eigenschaften besitzt und seinen Träger mit besonderen Kräften ausstattet oder ihn vor Verletzungen schützt. Die Konfiguration der Sterne bei der Herstellung eines Talismans soll diesem magische Kräfte verleihen.

Weissagung Ein Verfahren zur Vorhersage der Zukunft, entweder durch die Deutung speziell gestalteter Gegenstände wie Tarotkarten und Runensteine oder durch die Interpretation von Ereignissen. Andere Formen der Wahrsagerei sind: Sterndeutung, Handlesen, Blick in die Kristallkugel, chinesisches Orakelwerfen (= I Ging) und die Deutung der Innereien eines geschlachteten Tieres. Die meisten großen Religionen wie das Christentum und der Islam verurteilen diese Praxis.

YORUBA

30 Sekunden Religion

3-SEKUNDEN-PREDIGT
Die Yoruba-Religion ist eine lebendige Art und Weise, Inspiration und Energie von Gottheiten, Vorfahren und anderen Wesen zu erhalten, damit die Menschen ein erfülltes Leben leben können.

3-MINUTEN-THEOLOGIE
Der Glaube an den Schöpfer Olodumare entstand wahrscheinlich durch Kontakt mit Christen und Muslimen. Doch sollte dies nicht als Fremdeinfluss, sondern als Beweis der Vitalität einer Religion betrachtet werden, die stark genug ist, auch moderne Techniken wie Stromerzeugung und Automobilbau durch Zauber zu beeinflussen. In der Diaspora ist der Einfluss von Yoruba auf andere Religionen wie die Santería offensichtlich, die die Überlieferung mit dem römisch-katholischen Christentum vereint, sodass die *Orishas* mit den »Heiligen« Kostüme teilen und Festtage feiern.

Die traditionelle Yoruba-Religion

ähnelt traditionellen afrikanischen Religionen in der Art, wie sie sich in andere Religionen integrieren ließ. Menschen suchen die Hilfe der *Orishas* (Götter) und der Vorfahren (der Toten, die für ihre Nachkommen weiterhin bedeutend sind), die sie dabei unterstützen sollen, ein erfülltes, gesundes und integres Leben zu führen. Viele Yoruba glauben nicht nur an die vielen *Orishas*, sondern auch an den Schöpfer Olodumare, der sich mitunter selbst in der Gemeinschaft der *Orishas* zeigt. Für sie ist Olodumare der Schöpfer, der zwar alles erschaffen hat, aber den Lauf der Welt den *Orishas* überlässt, von denen jeder für ein besonderes Naturphänomen steht. Shango etwa ist der Donnergott. In dieser Verbindung von Animismus und Polytheismus existieren die Gottheiten in einem komplexen Netz von Beziehungen. Ashé, die Lebensenergie, durchströmt alles. Öffentliche und private Rituale sowie Opfer werden abgehalten, um diese Beziehungen zu feiern und zu fördern, sodass alle – die Lebenden, die Gottheiten und die Vorfahren – an Ashé teilhaben. Religiöses Wissen wird durch Wahrsagerei, mündliche Überlieferung und mittels tradierter Praktiken und szenischer Darstellungen vermittelt, an denen oft Masken und Trommeln beteiligt sind.

VERWANDTE RELIGIONEN
ANIMISMUS
Seite 18
ABRAHAMITISCHE RELIGIONEN
Seite 56–77
ABENDLÄNDISCHES CHRISTENTUM
Seite 78–97

30-SEKUNDEN-TEXT
Graham Harvey

Mit tradierten Mitteln verhilft Yoruba zu Gesundheit, Erfüllung und Integrität.

TRAUMZEIT DER ABORIGINES

30 Sekunden Religion

3-SEKUNDEN-PREDIGT
Die Traumzeit ist, zusammen mit den Regeln für das Leben, die kontinuierliche Erzeugung von Leben aus dem existierenden Chaos des schöpferischen Potenzials.

3-MINUTEN-THEOLOGIE
Die Traumzeit wird oft als eine Sammlung einfacher Geschichten über die Schöpfungszeit dargestellt. Es handelt sich jedoch um eine komplexe Gesamtschau der Rechte und Pflichten, die Menschen in bestimmten Regionen haben, um ohne Überkonsum kooperativ zu leben. Ihr Ausdruck in der Kunst (von traditioneller Felskunst und Körperschmuck bis zu modernem Acryl) und Musik (vom Didgeridoo-Totenspiel bis zum urbanen Stilmix) findet heute weltweit Anerkennung. Die Traumzeit beeinflusst juristische Fälle im Bodenrecht sowie religiöse Initiationsrituale.

Für die australischen Aborigines ist die Traumzeit die Grundlage des Gesetzes (Regeln) und der Weisheit (Lehre, oft in Form von Geschichten, Tanz oder Kunst), formt also die Dinge, wie sie sind und sein sollten. Sie ist ein grundlegender Aspekt der Schöpfung. Am Anfang gab es ein dunkles, flaches Land ohne Besonderheiten. Darunter lagen und liegen bis heute alle Möglichkeiten. Gelegentlich brachen Elemente durch die Oberfläche und bildeten Hügel, Täler, Flüsse und Quellen; sie brachten sogar das Sonnenlicht hervor. Die Elemente waren die Urform aller Arten von Leben. Als sie über das Land reisten, schufen sie Gebiete, die man »Länder« nennt. Eine Urraupe lässt zum Beispiel Nahrung fallen und erschafft Buschland. Zwei Dingos kämpfen und hinterlassen Fleischstücke, die zu Felsen werden. Die Urformen interagierten miteinander beim Tanz, Malen, Verteilen und Heiraten. Die Vorfahren kehrten dann unter die neu gebildete Oberfläche zurück, und ihre Nachkommen (gewöhnliche Menschen, Kängurus, Bienen und Dingos) begannen, das Land zu besiedeln, indem sie der Lebensweise und den Regeln folgten, die ihre Vorfahren geschaffen hatten und von denen diejenigen die wichtigsten sind, die verlangen, dass alle Einwohner der Länder die gegenseitige Verantwortung für das Wohlergehen dieser Lebensgemeinschaft tragen.

30-SEKUNDEN-TEXT
Graham Harvey

Die Traumzeit ist eine starke Mischung des Schöpfungsmythos und der jahrtausendealten Überlieferung und hütet in ihrem Herzen eine Botschaft der Verantwortung.

ANIMISMUS

30 Sekunden Religion

Animismus ist an sich keine Religion, sondern existiert in verschiedenen Religionen. Er bezieht sich auf die Weltanschauungen vieler Ureinwohner und einiger heidnischer Völker. Im Animismus steht »Wesen« nicht nur für menschliche oder menschenähnliche Lebensformen, sondern für Angehörige einer artenübergreifenden Gemeinschaft, also vielleicht auch für Steine und Igel. Die Anhänger von Naturreligionen meinen zu wissen, dass zumindest einige Felsen, Tiere oder Pflanzen Wesen sind, da sie Geschenke machen, sich an Gesprächen beteiligen oder gegenüber Dritten absichtlich handeln können. Menschen unterscheiden sich von ihnen nicht, da sie genauso handeln. Andere zu respektieren bedeutet nicht unbedingt, sie zu mögen. Es bedeutet anzuerkennen, dass auch sie Rechte und Interessen haben. Wesen dürfen notfalls, aber stets unter Anteilnahme getötet werden. Animistische Religionen kennen oft Schamanen: Sie lösen Spannungen zwischen den Arten (wenn etwa Menschen erjagte Tiere schlecht behandeln), wissen um den Verbleib anderer Wesen (beispielsweise um gute Jagdgründe) oder bekämpfen Angreifer (wie Krankheiten). Sie arbeiten oft mit effektvollen Trance-Ritualen. Animismus kommt häufig im einfachen Schenken zum Ausdruck, etwa wenn Indianer den Ältesten oder heiligen Wesen Tabak oder Salbei anbieten.

Nicht nur Menschen haben Gefühle, sondern auch Tiere, Pflanzen und Steine – sie alle verdienen Respekt.

NATIVE AMERICAN CHURCH

30 Sekunden Religion

Der rituelle Genuss des Peyote-

Kaktus entstand in grauer Vorzeit bei den indigenen Völkern im heutigen Mexiko. Ab den 1880er-Jahren breitete er sich rasch nach Norden aus und wurde in vielen Reservats-Gemeinschaften zur wichtigen spirituellen Quelle. Signifikante Mengen (gekaut oder in Tee zubereitet) rufen starke Visionen hervor und inspirierten die Gründer und Führer (»Roadmen«) der Native American Church (NAC), geringere Dosierungen hingegen weiten das Bewusstsein der Menschen und ermöglichen es, sich auf andere Probleme als ihre Alltagssorgen zu konzentrieren. Peyote wird wie ein Sakrament angenommen, da er nach der NAC dem Herzen des Schöpfers entspringt, um dem Menschen Heilung, Wissen und Motivation für ein gesundes und moralisches Leben zu schenken. Die NAC ist die größte Peyotismus-Bewegung. Sie entstand 1918 in den USA aus den Lehren von Propheten wie John Wilson und John Rave, die im Peyote-Kaktus einen Weg sahen, indigene und christliche Praktiken zu verbinden. Deshalb ist das Neue Testament für viele NAC-Mitglieder wichtig. Traditionell indigene Lebensweisen mischen sich mit lokalen und gesamtamerikanischen Praktiken und bringen verschiedene NAC-Rituale hervor, die spezielle Bedürfnisse erfüllen sollen. Die NAC setzt sich für einen aktiven Naturschutz ein.

3-SEKUNDEN-PREDIGT

Die Native American Church (NAC) ist eine Glaubensgemeinschaft, die dafür bekannt ist, den Peyote-Kaktus im rituellen Kontext einzusetzen.

3-MINUTEN-THEOLOGIE

Die Native American Church oder »Peyote Road« fördert Einfachheit, Familienpflege, Eigenständigkeit und Verbundenheit der indigenen Völker. Neben den nächtelangen, zur Einheit inspirierenden Riten ist die NAC und ihr Genuss des Peyote als Mittel gegen die Alkoholsucht anerkannt. Anstrengungen, den Peyote generell als Droge zu kriminalisieren, führten zu Gesetzen zur Religionsfreiheit, die den amerikanischen Ureinwohnern seine rituelle Nutzung auch in US-Gefängnissen erlauben. Die NAC engagiert sich oft neben einheimischen Traditionalisten.

3-SEKUNDEN-BIOGRAFIEN

QUANAH PARKER
1852–1911

JOHN RAVE
1856–1917

JOHN WILSON
1860–1901

JAMES MOONEY
1861–1921

30-SEKUNDEN-TEXT

Graham Harvey

Für NAC-Mitglieder ist die halluzinogene Eigenschaft des Peyote-Kaktus eine wesentliche Quelle ihrer tiefen spirituellen Inspiration.

MESOAMERIKANISCHE RELIGION

30 Sekunden Religion

Vor der spanischen Eroberung

existierte in Mesoamerika eine gemeinsame religiöse Kultur. Handel, einzelne Sprachmerkmale und vor allem die Abhängigkeit vom Maisanbau vereinte die Region mit ihren großen städtischen Zentren. Aufgrund der Distanzen trat aber allmählich eine deutliche Vielfalt zutage. Große, zentralisierte Reiche (wie die einiger Maya-Völker) traten neben kleinere Gesellschaften. Zwischen den Ritualen der großen Städte und den schamanischen Heilpraktiken der Dörfer versuchten die Menschen, weiterhin in Harmonie zu leben, um etwa durch Blutopfer die Kontrolle über die kosmischen Prozesse zu ermöglichen, um mit Aufzeichnungen astronomischer Beobachtungen den günstigsten Zeitpunkt herauszufinden oder um mit Opfergaben Dankbarkeit zu zeigen. Reinigungszeremonien unterstützten die respektvollen Beziehungen mit nichtmenschlichen Wesen dieser animistischen und polytheistischen Gemeinschaften. Wenn jemand etwa Mais auf den Boden fallen ließ, entschuldigte man sich durch Opfer. Tempelanlagen und Keramiken illustrieren die rituellen Ausdrucksformen der Region. Starke Polaritäten wie Tag und Nacht, männlich und weiblich oder Konflikt und Harmonie konnten Spannungen bedeuten, waren aber für die Regeneration des Lebens wichtig, das durch religiöse Rituale bestimmt wurde.

3-SEKUNDEN-PREDIGT
Mesoamerika (vom Zentrum von Mexiko bis zum Nordwesten von Costa Rica) ist durch ähnliche Religionen geprägt, in denen sich Menschen um Einklang mit der kosmischen Ordnung bemühen.

3-MINUTEN-THEOLOGIE
Nach der spanischen Eroberung blieb die Spannung zwischen einzelnen Kulturen samt lokalen Unterschieden in den verschiedenen Formen des lateinamerikanischen Christentums offenkundig, zu denen oft Elemente aus präkolumbianischen Traditionen gehören. Regionale Feste und Tanzzeremonien zeigen die wechselseitige Durchdringung von Katholizismus und Maya- oder anderen Kulturen. Vorchristliche Wallfahrten schließen christliche Heilige ein, von denen mitunter Wohlergehen erbeten wird.

VERWANDTE RELIGIONEN
ANIMISMUS
Seite 18

30-SEKUNDEN-TEXT
Graham Harvey

Wie ein roter Faden zog sich der Wunsch, den Kosmos im Gleichgewicht zu halten, durch die mesoamerikanische Religion – manchmal mit menschlichem Aderlass.

CHINESISCHER VOLKSGLAUBE

30 Sekunden Religion

3-SEKUNDEN-PREDIGT

Shenismus ist eine neuere Bezeichnung für populäre religiöse Praktiken in China, die sich auf Buddhismus, Konfuzianismus oder Daoismus stützen, letztlich aber nicht wirklich dazugehören.

3-MINUTEN-THEOLOGIE

Die Spannung zwischen diesseitigen (Streben nach Gesundheit, Wohlstand und Harmonie) und jenseitigen Zielen (eine gegenseitig vorteilhafte Beziehung zu Vorfahren und Gottheiten sowie künftiges Wohlbefinden für Vorfahren und sich selbst, etwa im Himmel oder nach der Wiedergeburt) ist bezeichnend für das Verhältnis von chinesischem Volksglauben und institutionalisierteren Religionen. Es gibt nur wenig Offizielles, und das Unverbindliche und Vielfältige des chinesischen Volksglaubens wird von individuellen Wünschen und Ängsten bestimmt.

Der chinesische Volksglaube

(Shenismus) ist durch eine sich wandelnde, aus unterschiedlichen Quellen gespeiste typisch chinesische Spiritualität gekennzeichnet. Er trägt Züge der traditionellen chinesischen Medizin; die gängige Religiosität umfasst oft buddhistische, konfuzianische und/oder daoistische Ideen, Praktiken, Würdenträger und Gebetsorte. Die Leute besuchen Heiligtümer und Tempel, erbitten die rituellen Dienste der Geistlichen und Mönche und berufen sich auf heilige Texte und Talismane. Ob sich die Menschen dabei als Mitglieder der stärker organisierten Formen dieser Religion sehen, sei dahingestellt. Ihre lokale Verwurzelung und ihre Grundlagen geben der chinesischen Spiritualität einen Platz unter den indigenen Religionen. Dies besonders dann, wenn der chinesische Volksglaube Medien zur Kommunikation mit Vorfahren (verstorbene Mitglieder einer Familie, die noch immer am Wohlbefinden ihrer Nachkommen interessiert sind) und Wahrsagerei einbezieht. Das Wort *shen* hat viele Bedeutungen und wird vielleicht am besten mit »Geist« übersetzt. Es könnte sich auf metaphysische Wesen (Vorfahren, Geister, lokale Gottheiten) oder auch auf Bewusstseinszustände und feine innere Energien beziehen, was auf Konzentration, Meditation, Trance oder das Streben nach Gesundheit und Erfüllung hindeutet.

VERWANDTE RELIGIONEN
BUDDHISMUS
Seite 36
DAOISMUS
Seite 48
KONFUZIANISMUS
Seite 50

30-SEKUNDEN-TEXT
Graham Harvey

Shenismus – die Verehrung von Shens (Göttern oder Geistern) – ist eine Sammlung chinesischer Volksreligionen, die durch buddhistische, konfuzianische und daoistische Prinzipien bestimmt ist.

ZOROASTRISMUS

30 Sekunden Religion

Von den Zoroastriern (oder Parsen in Indien) wird über einen als Zarathustra (oder Zoroaster) bekannten iranischen Propheten gesagt, er habe vor rund 3000 Jahren die Religion mit guten Gedanken, Worten und Werken initiiert. Der kosmische Kampf zwischen Gut und Böse trifft den Menschen nicht nur in jeder Existenz, sondern findet in den alltäglichen moralischen Entscheidungen des Einzelnen statt. Einige Zoroastrier setzen die Wahlfreiheit zwischen Gut und Böse ins Zentrum der Lehre. In diesem Kampf wird der ewig weise Herr, Ahura Mazda, seinem destruktiven Gegner Ahriman gegenübergestellt. Andere unsterbliche Weise gehören ebenfalls zum Kosmos und nehmen am Kampf teil. Anstatt Erde oder Wasser zu verschmutzen oder anstatt durch Feuer bestatten Zoroastrier ihre Toten traditionell auf hohen Türmen, wo sie von Geiern verzehrt werden. Durch die Bekämpfung schlechter Gedanken, Worte und Werke arbeiten Zoroastrier auf die Reinigung und Ordnung des Kosmos hin. Rituale werden von Priestern angeleitet, während individuelles Handeln und das Gemeinschaftsleben durch eine Vielzahl heiliger Texte bestimmt werden, etwa die *Gathas*, eine Reihe von Hymnen, die zur Wachsamkeit vor allen negativen Gedanken oder Handlungen anleiten sollen.

3-SEKUNDEN-PREDIGT
Im Zoroastrismus, wahrscheinlich die älteste existierende Religion, steht der Kampf zwischen Gut und Böse im Zentrum der Existenz.

3-MINUTEN-THEOLOGIE
Der philosophische Einfluss der Zoroastrier auf die Theologien und Kosmologien der monotheistischen Religionen war eminent. Heute gibt es relativ kleine Gruppen von Zoroastriern vor allem im Iran und Indien. In der Praxis gibt es Unterschiede, wie etwa beim Datum des Nouruz (Neujahrsfest), das im Iran im Frühjahr mit der Sonnenwende den Sieg des Lichtes über die Dunkelheit symbolisiert; in Indien fällt das Fest in den August, weil die Parsen ihre Kalender nicht auf Schaltjahre angepasst hatten.

VERWANDTE RELIGIONEN
ABRAHAMITISCHE RELIGIONEN
Seite 56–77
ABENDLÄNDISCHES CHRISTENTUM
Seite 78–97

3-SEKUNDEN-BIOGRAFIEN
ZARATHUSHTRA (ZOROASTER)
um 5000 v. Chr.

DARIUS 1
ca. 558–486 v. Chr.

30-SEKUNDEN-TEXT
Graham Harvey

Antik und mystisch, ist der Zoroastrismus Philosophie und Religion zugleich; im Zentrum steht der Kampf zwischen Gut und Böse, Ordnung und Chaos.

ÖSTLICHE SPIRITUALITÄT

ÖSTLICHE SPIRITUALITÄT
GLOSSAR

Askese Bestrafung des Körpers, um ein besseres geistiges Bewusstsein zu erlangen.

Atheist Jemand, der die Existenz Gottes oder eines höheren Wesens bestreitet.

Brahmane Vertreter der Priesterkaste im Hinduismus. Wörtlich einer, der *Brahma*, das heilige Wort oder den heiligen Geist, kontrolliert.

Dao Oft als »Weg, Pfad« übersetzt. Ein schwer fassbares mystisches Gesetz oder Prinzip des Universums, auf das man sich selbst einstimmen muss. Daoismus ist eine rätselhafte, mystische Interpretation dieser Idee, während der Konfuzianismus weltlicher und praktischer ist; siehe *Dharma*.

Dharma Dharma (von *dhr* – halten) ist ein Naturgesetz, das das Universum erhält. Es ist subtil und schwer zu erkennen. Im Hinduismus bezieht sich der Begriff vor allem darauf, wie die Menschen dieses Naturgesetz in gewöhnlichen und religiösen Gesetzen, Übergangsritualen und Kastenpflichten einhalten. Jede Person hat ihr eigenes Dharma oder *Svadharma*, eine natürliche Art des Daseins. *Stridharma* ist zum Beispiel das Dharma der Frauen. Im Buddhismus bezieht sich Dharma auf die Lehre Buddhas.

Entsagender Jemand, der das normale weltliche Leben aufgegeben hat oder ihm entsagt, um sich auf ein geistiges Leben zu konzentrieren, und der als Mönch oder Nonne in einem Kloster, einer Einsiedelei oder vielleicht als wandernder Asket lebt und um Almosen bittet.

Erleuchtung Das Sanskrit-Wort *bodhi* bedeutet »Erwachen« – zum ersten Mal die wahre Natur der Wirklichkeit sehen.

Guru Ein spiritueller Führer oder Lehrer. Wörtlich ist es jemand, der »wichtig« ist.

Kami Geister oder Götter in der Shinto-Religion, um unsichtbare Kräfte der Natur oder personifizierte geistige Wesen anzusprechen.

Karma Wörtlich »Wirken«. Das Karma ist die unpersönliche Macht, die uns von einem Leben zum nächsten vorwärts treibt und das Schicksal unseres heutigen Lebens formt. Ursprünglich stark mit rituellen Handlungen verbunden, interpretierte Buddha das Karma als Absicht, die hinter unseren Handlungen steht, und entzog es somit der Kontrolle der Priester. Es ist ein Gesetz des Universums, also ist es falsch, von Strafe und Belohnung zu sprechen. Rechtschaffene Handlungen erzeugen natürlich erfreuliche Umstände, und untugendhafte bewirken unerfreuliche. Es darf nicht als reiner Fatalismus oder Determinismus verstanden werden: Schlechtes Karma kann gereinigt und gutes Karma neu erzeugt werden.

Mahayana Wörtlich das große (*maha*) Fahr-zeug (*yana*), eine spätere, spirituellere Version der buddhistischen Vision.

Kasten Die Gruppen, in die die Hindu-Gesell-schaft aufgeteilt ist. Es gibt vier Hauptkasten: Brahmanen (Lehrer und Priester), Kshatriyas (Soldaten und Herrscher), Vaishyas (Großgrund-besitzer und Händler) und Shudras (Diener und Arbeiter). Darüber hinaus gibt es Hunderte von Unterteilungen in Bezug auf verschiedene Berufe und Familienlinien. Die Kastenzugehörigkeit regelt auch, wie ein Hindu heiraten und mit wem er den Gottesdienst besuchen und essen darf.

Mystik Eine religiöse Annäherung an das Leben, die die Intuition und das unmittelbare Erleben des Göttlichen betont.

Nirwana Das Ende des typischen buddhisti-schen Weges, das Ende aller Wiedergeburt. Das Gegenteil von Samsara oder das Wandern von einem Leben zum nächsten. Nirwana bedeutet wörtlich »Verwehen«. Es ist nicht das Erlöschen der Person, sondern das Erlöschen der drei Feuer von Gier, Hass und Verblendung. Buddha schwieg darüber, wohin er nach dem Tod gehen würde: Nirwana ist jenseits von Worten, der Existenz oder der Nicht-Existenz. Der Begriff wird auch im Hinduismus verwendet, wobei die Bezeichnung *Moksha* oder »Befreiung« geläu-figer ist.

quasitheistisch Gemeinsame Nutzung be-stimmter Funktionen des Theismus; Philosophie, nach der das Universum von Gott oder einem höheren Wesen geschaffen und gesteuert wird.

Vajrayana Tantrischer Buddhismus. Wörtlich das Fahrzeug (*yana*) des Vajra, was ursprüng-lich eine Blitzschlag-Waffe der Hindu-Götter bezeichnet, im Buddhismus aber die unzerstör-bare Natur des erleuchteten Geistes meint.

Veda Frühe religiöse Hindu-Texte, die Rituale und Theologie der Brahmanen beschreiben.

Yoga Wörtlich »zusammenbinden« – die Ver-bindung mit Gott oder der geistigen Dimension. Entsprechend gibt es das Yoga des Wissens, der Arbeit, der Hingabe und das bekannte Yoga der geistigen und körperlichen Übungen.

Wiedergeburt/Reinkarnation Der den meisten östlichen Religionen gemeinsame Glaube, dass dem Tod ein weiteres Leben folgt. Spirituelles Ziel ist es, das Ende dieses ermudenden Prozesses herbeizuführen; vgl. *Karma* und *Nirwana*.

Zen Schule des ostasiatischen Buddhismus und ein japanischer Begriff, der vom chinesischen *Chan* abgeleitet ist, das sich seinerseits vom Sanskritwort *Dhyana*. Die Meditation löst sich vom Verstand, um Erleuchtung zu gelangen.

HINDUISMUS

30 Sekunden Religion

Hindus glauben, dass wir alle

ständig wiedergeboren werden. Das Karma, der moralische Wert unserer früheren Handlungen, bestimmt unser Schicksal, und das spirituelle Ziel ist das Ende der Wiedergeburt, um mit Gott vereint zu werden. Dies wird durch den Weg der Erkenntnis (über Lernen, Yoga, Meditation und Askese erfährt man die Identität der eigenen Seele mit dem kosmischen Geist) und den Weg der Hingabe (Gott preisen und verehren) erreicht. Weltliche Aktivitäten – das Streben nach Reichtum, Macht, Liebe und Freude – müssen in Übereinstimmung mit Dharma, dem Naturgesetz des Universums, stehen. Dharma hat die Gesellschaft in Kasten unterteilt – Familien sind hinsichtlich Macht, Reinheit, Ansehen und Beruf streng kategorisiert. Die Brahmanen bilden die Priesterkaste. Ihre Schriften, die Veda, sind etwa 4000 Jahre alt und definieren die Lehrmeinung. Der Hinduismus ist die Verschmelzung dieser großen Tradition mit vielen anderen, kleineren Traditionen, die sich überlagern und gegenseitig beeinflussen. Mythologisch wird dieser Prozess dadurch ausgedrückt, dass große Götter als kleine erscheinen oder Göttinnen heiraten. Der Hinduismus ist also eine lose Ansammlung von Gemeinschaften und Sekten mit verschiedenen Praktiken und Traditionen – wie eine riesige, ausgedehnte Familie.

3-SEKUNDEN-PREDIGT
Gott ist einzig und jenseits aller Gestalt. Gott erscheint in vielen verschiedenen Formen. Gott wohnt im Herzen. Gott umfasst das gesamte Universum. Gott ist überall.

3-MINUTEN-THEOLOGIE
Hinduismus ist ein vielgestaltiger Monotheismus. Die Götter stehen für verschiedene Aspekte der göttlichen Wirklichkeit, einen kosmischen Geist, der innerhalb und außerhalb des Individuums existiert. Shiva verkörpert Macht, Vishnu Gerechtigkeit, Devi die süße oder leidenschaftliche Energie der Mutter oder Geliebten. Jeder erscheint in verschiedenen Gestalten, heiratet andere Gottheiten, gründet göttliche Familien, umfasst unterschiedliche Traditionen und verlangt neue Formen der Hingabe. Ein Hindu verehrt einen oder mehrere Götter.

VERWANDTE RELIGIONEN
BUDDHISMUS
Seite 36

MAHAYANA-BUDDHISMUS
Seite 40

JAINISMUS
Seite 42

SIKHISMUS
Seite 44

3-SEKUNDEN-BIOGRAFIEN
SHANKARA
ca. 788–820

RAMANUJA
ca. 1017–1137

RAMAKRISHNA
1836–1886

MOHANDAS (MAHATMA) GANDHI
1869–1948

RAMANA MAHARSHI
1879–1950

30-SEKUNDEN-TEXT
Alexander Studholme

Hindus glauben an einen universellen Gott, der viele Formen annimmt.

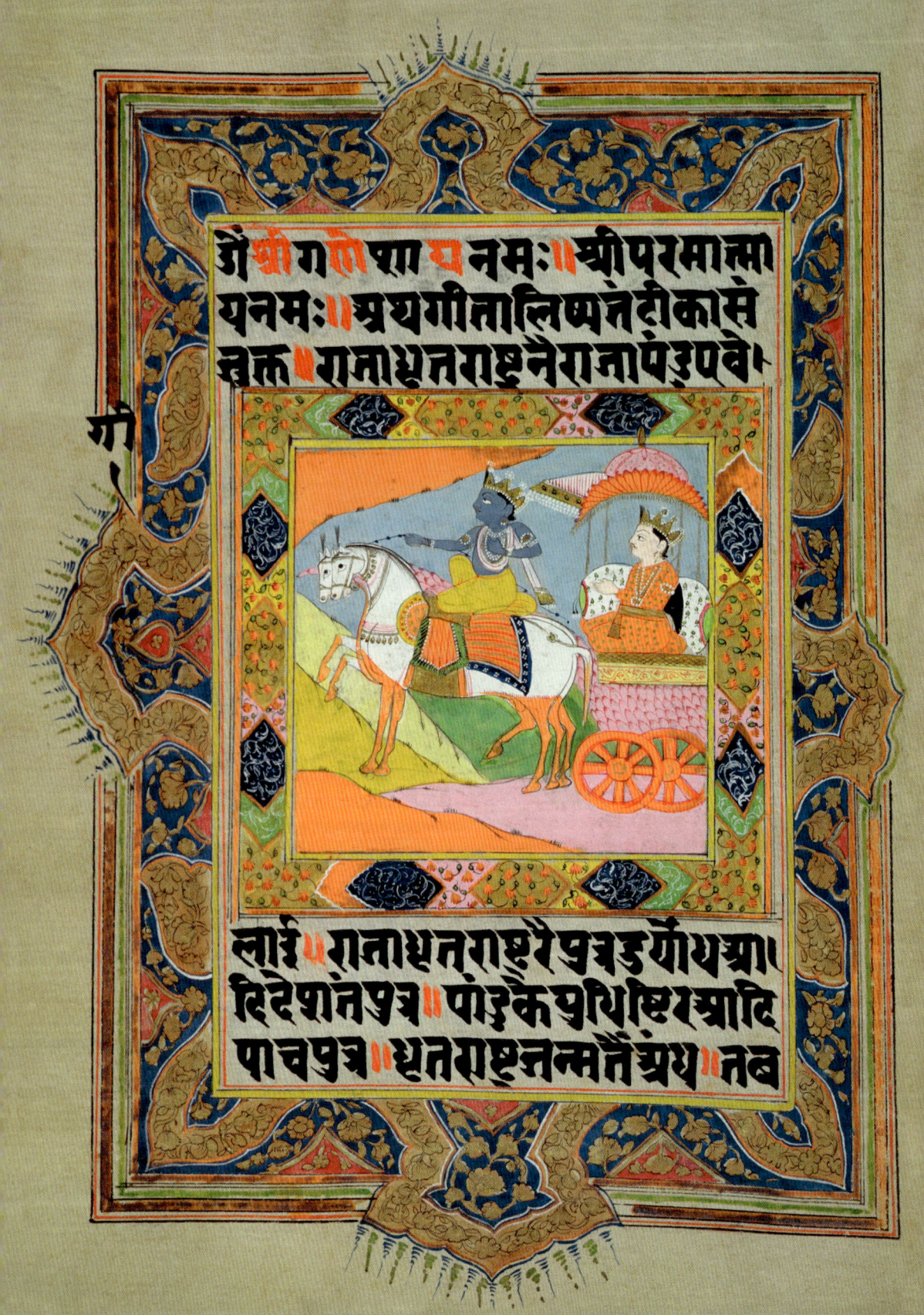

BHAGAVAD GITA

Die Bhagavad Gita (oder »Gesang des Herrn«) ist

wohl die berühmteste Schrift des Hinduismus. Ihre Popularität liegt in
der Tatsache, dass sie eine kurze Synthese verschiedener Hindu-Ideen
bildet und eine Annäherung an den spirituellen Weg bietet, der für alle
geeignet ist, nicht nur für Priester und Eremiten.

Die Bhagavad Gita, ca. 250 v. Chr. entstanden, ist Teil des großen
Hindu-Epos Mahabharata, das den Kampf zweier verwandter Königs-
familien beschreibt. Am Vorabend einer schrecklichen Schlacht vermittelt
der Hindu-Gott Krishna, der zunächst in der Gestalt eines Wagenlenkers
erscheint, dieses »Lied« oder diese Predigt einem Krieger namens Arjuna.
Arjuna zögert zu kämpfen und will in ein Leben der Meditation ent-
fliehen. Er hofft, dann von den Auswirkungen der negativen Handlungen
befreit zu sein, die die Menschen im endlosen Kreislauf der Wiedergeburt
festhalten. Krishna antwortet ihm, er müsse wegen der Pflicht seiner
Kaste als Krieger kämpfen. Zudem sei es unmöglich, die Wirkungen von
Handlungen zu vermeiden: Selbst Eremiten hätten physische Körper
und müssten auf konkrete Weise handeln; außerdem seien viele unter
ihnen Heuchler, scheinbar an der Welt unbeteiligt, aber im Geheimen von
unterdrückten Begierden bestimmt. Die einzigen Handlungen, die das In-
dividuum nicht an das weltliche Leben binden, seien Opfer-Handlungen.

Doch statt eines Opferrituals fordert Krishna ein inneres Opfer. Er
argumentiert, dass das spirituelle Leben auch in der Hitze des Gefechts
in der Welt gelebt werden kann, wenn Handlungen aus einem religiösen
Pflichtgefühl heraus erfolgen, wobei es nicht um persönliche Belohnung,
sondern um die Hingabe an Gott gehe. Die eigenen Handlungen müssen
dem Willen Gottes folgen, der im Herzen lebt. Krishna zeigt dann eine
beeindruckende kosmische Form, die das Universum enthält. Wer Gott
liebt, erklärt er, wird von Gott geliebt. Anhänger leben in Krishna, und
Krishna lebt in ihnen.

um 250 v. Chr.
Die Bhagavad Gita entsteht

um 800
Ein Kommentar von Sanka-
racharya führt zur Verbreitung

1290
Jnaneshvara schreibt einen
marathischen Kommentar

1823
Übersetzung ins Lateinische

1870
Erste deutsche Übersetzung

1909
Englische Übersetzung von
Swami Swarupananda

Krishna und Arjuna bereiten sich auf den Kampf vor – die Bhagavad Gita legt die wichtigsten Grundsätze des Hinduismus in einer poetisch inspirierenden Sprache dar.

BUDDHISMUS
30 Sekunden Religion

3-SEKUNDEN-PREDIGT
Buddhas erste Predigt lehrte vier Wahrheiten: Leiden, die Entstehung des Leidens, die Beendigung des Leidens (Nirwana) und den Pfad zur Beendigung des Leidens.

3-MINUTEN-THEOLOGIE
Buddhistische Meditation besteht aus zwei vereinten Disziplinen: Konzentration und Einsicht. Durch die Konzentration auf ein Objekt wie den Atem entfernt sich der Geist von sinnlichen Erfahrungen und Gedanken und entwickelt Zustände der Ruhe und Freude. Die Einsicht ist die befreiende Erkenntnis des vergänglichen Flusses von Phänomenen, in denen das Ich nicht gefunden werden kann. Dies beseitigt eine falsche Sicht der Wirklichkeit, auf der neurotische und emotionale Tendenzen basieren.

Der Buddha war ein entsagender heiliger Mann, der die indische Religionspraxis der Brahmanen überwand. Er verzichtete auf Rituale und Spekulationen über Gott, indem er einen äußerst pragmatischen Pfad der geistigen Zucht lehrte, deren Ziel das Ende des Leidens war. Nach Buddha ist Leiden die unvermeidliche Konsequenz eines instinktiven Verhaltens, Angenehmes erhalten und Unangenehmes vermeiden zu wollen. De facto ist Schmerz unvermeidlich, und weil sich alles ständig ändert, bleibt es schwierig, angenehme Zustände zu erhalten. Da alles sterblich ist, entwickelt man von hier aus eine nüchterne Haltung, die letztlich in die Erkenntnis einmündet, dass das Ego selbst eine unwirkliche Vorstellung ist und all seine Gedanken weit von dem entfernt bleiben, was wir wirklich sind. In diesem Leben ist das Nirwana – das Ziel – das Verlöschen der drei Feuer, die den Menschen antreiben: Gier, Hass und Verblendung. Damit einher geht die vollständige Wandlung der Person vom neurotischen Egoismus in einen Zustand von Ruhe und selbstloser Freiheit markiert, um auf natürliche Weise liebevoll gegenüber anderen zu sein. Im Tod markiert das Nirwana das Ende aller Wiedergeburten.

VERWANDTE RELIGIONEN
HINDUISMUS
Seite 32
MAHAYANA BUDDHISMUS
Seite 40
JAINISMUS
Seite 42

3-SEKUNDEN-BIOGRAFIEN
BUDDHA
um 563–483 v. Chr.

BUDDHAGHOSA
5. Jahrhundert v. Chr.

30-SEKUNDEN-TEXT
Alexander Studholme

Buddhisten glauben nicht an ein göttliches Wesen, streben aber danach, das Leiden zu überwinden und das ultimative Ziel der Erleuchtung, das Nirwana, durch ein selbstloses Leben zu erlangen.

အာဂစ နဘဒဏ္ဏာဝသ်အဝါသိက်ဒါသ
ညဥတို့ ။အဟိပါ်သေနာယဂစ္စာ
နေဧတသ္ဆိပကရေကာဓမ္ဗိကထိကတွ
ငိုဂဟောတ္တာစိဝရကော်လသမယံအ
ဒဝါ်ဗ။ကယ်မာနိအာဝုသောစိဝ
ရွေဆေသုံ။အာယသ္သာအာနန္ဒာဥရွ
က်ရဘ်ကွဝေ ဘိက္ခာအဆ္ဝကစိဝရပ
သဆ်။နေဟတံဘိက္ခုဝေအလပသန္ဆ နိဝါ်ပ
ဘဗ္ဗ။ပဋိဂ္ဂဟေတ္တာယာဝစိဝရကာလ
ဒစိဝရံနာမသေ နာယဝါဂရန္ကာ မော
တံပါ်ကောယျအာဝုစ္ဆနိဘ3ဏ္ဏာဝသ
စ္စကစိဝရန္ဒ်။စိဝရကာလသမယော
ယိဝ်ယံပါ် စိတိယ်။အတဝေနက
လသမယံအ တိက္ကာမိတ္တ်နိသယိဝ်
ယ်။အဆေကစိဝရဧသဧပ

PALI-KANON

Es gibt drei Versionen des buddhistischen Kanons, die älteste davon ist der Pali-Kanon. Die anderen beiden sind die chinesischen und tibetischen Kanons, die die späteren Lehren des Mahayana- und Vajrayana- (oder tantrischen) Buddhismus enthalten. Indische Buddhisten reisten seit dem Beginn des ersten Jahrtausends als Missionare entlang der Seidenstraße nach China. Zum Ende des Jahrtausends hin wurden dann die Texte über den Himalaja nach Tibet gebracht, um vor den muslimischen Invasionen, die zur Ablösung des Buddhismus auf dem indischen Subkontinent führten, gesichert zu sein.

Alle drei Kanons sind als *Tripitaka* oder »drei Körbe« bekannt, die die *Vinaya* (Klosterzucht), *Sutra* (Lehrreden) und *Abhidhamma* (Abhandlungen, Höhere Lehrreden) enthalten. Der Prozess der Zusammenführung einer endgültigen Lehrschrift begann mit dem ersten buddhistischen Konzil, das kurz nach dem Tod des Buddha ca. 480 v. Chr. abgehalten wurde und zu dem sich 500 erleuchtete Mönche versammelten, um alles aus dem Gedächtnis zusammenzutragen. Zahlreiche buddhistische Sekten entstanden anschließend in Indien, von denen die Theravada (Lehre der Älteren) vorherrschend wurde und sich auf Sri Lanka und in Südostasien verbreitete.

Der Pali-Kanon wird von Theravada-Buddhisten als eine frühe Version des im 3. Jahrhundert v. Chr. nach Sri Lanka gebrachten Kanons verstanden. Pali ist der Name der verwendeten Sprache, die der von Buddha gesprochenen nahesteht und eine einfachere Form des elitären Sanskrit der Brahmanen-Priester ist. Der Überlieferung nach dauerte es weitere 150 Jahre, bis die Lehre erstmals niedergeschrieben wurde, was eine Erleichterung für diejenigen gewesen sein muss, die für die Aufrechterhaltung dieser Gedächtnisleistung verantwortlich waren. Der Sutra-Korb allein enthält 34 lange Lehrreden, 152 mittellange Lehrreden und viele hundert kürzere Predigten. Um sich als »Buddhas Worte« zu authentifizieren, argumentierten die späteren Kanons, dass in Träumen und Visionen die Mahayana-Lehre vom Buddha empfangen wurde, die in einer geistigen Form weiterlebte.

563 v. Chr.
Buddha wird geboren

483 v. Chr.
Tod des Buddha;
Erstes buddhistisches Konzil

250 v. Chr.
Niederschrift des
Pali-Kanons

29 v. Chr.
Pali-Kanon auf Palmblätter
übertragen

1868
Auf 729 Marmortafeln in
Mandalay, Birma, übertragen

1893
Unvollständige Version in
Siam (heute Thailand) gedruckt

1900
Erste Gesamtausgabe in Birma gedruckt

1956
Sechstes buddhistisches
Konzil genehmigt neue Version

Eine Seite aus dem Pali-Kanon in
birmanischer Sprache

MAHAYANA-BUDDHISMUS

30 Sekunden Religion

3-SEKUNDEN-PREDIGT

Mahayana (»das große Fahrzeug«) ist eine spirituellere buddhistische Vision, die der psychologischen Pragmatik der ursprünglichen Lehre eine tiefere Frömmigkeit und komplexere Metaphysik hinzufügt.

3-MINUTEN-THEOLOGIE

Der Mahayana-Buddhismus besticht durch widersprüchliche und oszillierende Sichtweisen. Die Anhänger wollen im Amitabha – im Buddha des unendlichen Lichtglanzes – wiedergeboren werden, der in jedem als wahre Natur des Geistes lebt. Der Pfad bedeutet die mühsame Rettung unzähliger leidender Wesen. Aber gemäß den Sutras sind alle Wesen »leer«. Und damit gibt es weder Wesen noch Pfad. Alles ist perfekt, wie es ist: Es gibt nichts zu tun außer loszulassen.

Der Mahayana-Buddhismus versteht den historischen Buddha als körperliche Manifestation des wahren Buddha – ein formloser, kosmischer, spiritueller Körper, der das ultimative Wesen aller Wirklichkeit ist. So existiert im Buddha das gesamte Universum. Dieser formlose Körper ist auch Ausgangspunkt vieler anderer körperloser, göttlicher Formen von Buddha und anderer erleuchteter Wesen, mit denen man durch Versenkung in Kontakt treten kann. Diese göttlichen Formen sind zugleich der Ursprung der offenbarten Schriften, Sutras, die ebendiese Spiritualität und neue Metaphysik vermitteln. Immer wieder wird die Wirklichkeit mit einer Illusion oder einem Traum verglichen. Alle Phänomene sind »leer«, das heißt, sie verfügen über kein wirklich wahrnehmbares Wesen und haben außerhalb des Geistes keine eigene Existenz. Der spirituelle Pfad endet nicht mehr im Nirwana als einem Zustand des Friedens, der das Ende der Wiedergeburten bedeutet; aus Barmherzigkeit führt er immer wieder in verkörperte Existenzen zurück und gipfelt im Erreichen vollständiger Erleuchtung. Das Vorankommen auf dem Pfad bedeutet neben der Erkenntnis der »Leere« die Verinnerlichung dieser Barmherzigkeit. Das ist alles, was nötig ist, um den Geist zu reinigen.

VERWANDTE RELIGIONEN
BUDDHISMUS
Seite 36
DAOISMUS
Seite 48

3-SEKUNDEN-BIOGRAFIEN
NAGARJUNA
ca. 150–250

BODHIDHARMA
ca. 5./6. Jahrhundert

GURU PADMASAMBHAVA
ca. 8. Jahrhundert

NICHIREN
1222–1282

30-SEKUNDEN-TEXT
Alexander Studholme

Buddha existiert in allen Wesen und ist die wahre Natur der Wirklichkeit – aber was ist Wirklichkeit?

JAINISMUS

30 Sekunden Religion

Der Jainismus (von *Jina* – Sieger) entstand in Indien zur gleichen Zeit wie der Buddhismus und stellt eine alternative Version des entsagenden Pfades dar. Ziel ist die Befreiung der Seele aus ihrer Umhüllung durch das Karma, sodass man an der Allwissenheit an der Spitze des Universums und nach dem Tod und dem Ende der Wiedergeburten am ewigen Leben teilhat. Wie im Buddhismus ist Karma das Ergebnis von Inspiration und Handlung. Im Gegensatz zur Meditation, dem Schwerpunkt von Buddha, priorisiert Mahavira, der große Held und Gründer des Jainismus, jedoch die Praxis der strikten Selbstbeherrschung und strengen Enthaltsamkeit (insbesondere des Fastens), um das Karma aufzulösen. Jains legen großen Wert auf Gewaltlosigkeit und Vegetarismus, weil Tiere und Pflanzen Seelen haben. Eine erhebliche Verpflichtung auf dem Pfad ist zwangsläufig das Schützen der entsagenden Asketen. Laien unterstützen diese Bemühungen, halten das Kerngelübde so gut wie möglich ein und bereiten sich auf die Entsagung in der Zukunft vor. Obwohl es keine Lehre eines Schöpfers gibt, verehren Jains Gott als den höchsten Geist, der das Potenzial aller Seelen einschließt und bei Mahavira und anderen erlösten Lehrern unmittelbar erkennbar ist, sodass sie im Mittelpunkt der Andacht stehen.

3-SEKUNDEN-PREDIGT
Jainismus ist eine asketische und sanfte Religion und Quelle des hinduistischen Begriffs *Ahimsa* (Gewaltlosigkeit), ein Eckpfeiler der politischen Philosophie von Mahatma Gandhi.

3-MINUTEN-THEOLOGIE
Jains geloben den Verzicht auf Tötungen, sexuelle Aktivitäten, Lügen, Diebstahl und Habgier. Das erste Gebot, barmherzige Gewaltlosigkeit, gilt als die höchste religiöse Pflicht. Jain-Mönche und -Nonnen tragen kleine Besen mit sich herum, um Insekten auf ihrem Pfad beiseite zu schieben, und tragen Gesichtsmasken, um das Einatmen von Fliegen zu verhindern. Sie trinken nur gefiltertes Wasser, und es ist ihnen verboten, Feuer zu machen, die Erde umzugraben oder sich unvorsichtig zu bewegen.

VERWANDTE RELIGIONEN
HINDUISMUS
Seite 32
BUDDHISMUS
Seite 36

3-SEKUNDEN-BIOGRAFIEN
MAHAVIRA
ca. 599–527/510 v. Chr.
UMASVATI
ca. 2. Jahrhundert v. Chr.

30-SEKUNDEN-TEXT
Alexander Studholme

Das ganze Leben ist heilig und darf nicht beeinträchtigt werden. Um Allwissenheit zu erreichen, muss das eigene Karma durch strenge Selbstkontrolle und Enthaltsamkeit abgebaut werden.

SIKHISMUS

30 Sekunden Religion

3-SEKUNDEN-PREDIGT
Sikhs verehren Gott, der hinter allen Erscheinungen steht und für jedermann zugänglich ist, ob sie nun Hindus, Moslems oder Anhänger irgendeiner anderen Religion sind.

3-MINUTEN-THEOLOGIE
Der Turban der Sikhs ist ein Identitätszeichen, das aus dem ersten von fünf Geboten oder Ks abgeleitet ist. Vom männlichen Sikh wird traditionellerweise verlangt, seine Haare als Zeichen geistiger Kraft nie zu schneiden (*Kesch*). Er muss auch einen Holzkamm (*Kangha*), einen eisernen Armreif (*Kara*), eine Unterhose, die bis zu den Knien reicht (*Kaschera*) und ein Schwert oder einen Dolch (*Kirpan*) tragen, die für disziplinierte Spiritualität, Schutz und Eintracht mit Gott, Zurückhaltung und Kampfbereitschaft stehen.

Der Sikhismus ist eine indische Religion, deren Wurzeln auf zehn Gurus aus dem Punjab in Nordindien zurückgehen, wo immer noch die meisten seiner Anhänger leben. Die zwei Hauptmerkmale sind leidenschaftliche Gottergebenheit und kriegerischer Wagemut, die während des frommen Lebens unter der muslimischen Fremdherrschaft der Mogulen entstanden. Der erste Guru, Nanak, war ein Wanderprediger, der einen gestaltlosen Gott besang und weder ausschließlich den Hindus noch den Moslems gehörte, sondern beide verband. Der zehnte Guru, Gobind Singh, war ein Krieger und Dichter, der die Pflicht institutionalisierte, angesichts der Unterdrückung Waffen zu tragen. Zum Kult der Sikhs gehören das Singen von Hymnen und die Rezitation des Namens Gottes, die die Liebe zur Menschheit und zum Göttlichen fördern sollen, sodass zuletzt das Ende der Reinkarnation durch die höchste Vereinigung mit Gott erlebt wird. Der Guru Granth Sahib – auch Adi Granth genannt, das heilige Buch, das diese Hymnen umfasst – steht im Mittelpunkt der *Gurdwara*, der Gebetsstätte der Sikhs, deren berühmteste der Goldene Tempel in Amritsar ist. Sikhs werden nicht zu Entsagenden und haben keine Idole, sie lehnen das Kastensystem ab und schätzen ehrliche Arbeit und soziale Dienste.

VERWANDTE RELIGIONEN
HINDUISMUS
Seite 32

3-SEKUNDEN-BIOGRAFIEN
GURU NANAK
1469–1539

GURU GOBIND SINGH
1666–1708

30-SEKUNDEN-TEXT
Alexander Studholme

»Die Wahrheit ist zweifellos hoch, noch höher aber ist die wahrheitsgemäße Lehre.« – Guru Nanak

GURU GRANTH SAHIB

Die Anhänger vieler Religionen glauben, dass ihre

heiligen Schriften mehr als bloße Bücher seien. Deshalb verwundert es
wenig, Sikhs zu sehen, die sich vor dem Guru Granth Sahib verbeugen,
ihrem heiligen Buch, das auch Adi Granth genannt wird. Es erstaunt auch
nicht, dass sie glauben, in seiner Gegenwart den Kopf bedecken und die
Schuhe ausziehen zu müssen, oder dass es unhöflich sei, ihm den Rücken
zuzuwenden. Abends und morgens einen religiösen Text zu lesen wird
Ihnen als echte Zumutung erscheinen – allerdings nur, bis Sie erkennen,
dass der Guru Granth Sahib für Sikhs nicht einfach ein Buch ist; er ist die
Manifestation eines leibhaften Gurus. Wie aber wurde dieses 1420 Seiten
starke Werk namens Adi Granth zum Guru Granth Sahib?

Alles begann mit dem ersten Guru, Nanak, der bemerkte, dass sich
seine in Reimen geschriebene, mit einer Melodie versehene Lehre gut
einprägte. Er komponierte 974 solcher Hymnen (oder *Shabads*). Als sich
der Sikhismus ausbreitete, wurde allerdings eine verbindliche Lehre be-
nötigt, sodass der zweite Guru, Angad, Nanaks Verse niederschrieb und
62 eigene hinzufügte. Angeblich wurde die Gurmukhi-Schrift zu diesem
Zweck erfunden. Unweigerlich kam es aber zu fehlerhaften Abschriften,
sodass 1604 der fünfte Guru, Arjan, eine finale Version abfasste, die von
den letzten der ursprünglichen Sikh-Jünger anerkannt wurde. Zu dieser
Version zählen neben den 2218 Hymnen von Arjan selbst die 1586 seiner
beiden unmittelbaren Vorgänger. Die vollständige Sammlung wurde Adi
Granth oder die Erste Schrift genannt.

Die folgenden Gurus waren weder Dichter noch Komponisten, aber der
neunte, Tegh Bahadar, und sein Sohn Gobind Singh setzten das Projekt
fort. Bevor er starb, verfügte Gobind aber, dass keine Menschen mehr
als Gurus auftreten sollten. Stattdessen stellte er eine neue Version des
Adi Granth zusammen, in die er 116 Hymnen seines Vaters aufnahm und
ihm den Titel »Guru der Sikhs« verlieh; später wurde er zu Guru Granth
umbenannt. »Sahib« wurde als Ausdruck der Höflichkeit hinzugefügt.
Die Kompositionen von Gobind Singh wurden separat veröffentlicht und
werden von den Sikhs als Dasam Granth verehrt.

1469
Geburt von Guru Nanak

1604
Veröffentlichung des Adi Granth

1698
Veröffentlichung des Dasam Granth

1706
Veröffentlichung des Guru Granth Sahib

1708
Tod von Guru Gobind

1864
Erste gedruckte Version des Guru Granth Sahib

1960
Erste englische Übersetzung

Ein Sikh-Gelehrter arbeitet an einer
handschriftlichen Version des Guru Granth Sahib

DAOISMUS

30 Sekunden Religion

Das Dao, mitunter als Weg übersetzt, bezieht sich auf eine allgegenwärtige und schwer zu erfassende Kraft oder ein Prinzip, das allem zugrunde liegt. Der philosophische Daoismus ist eine Art Mystik, die versucht, sich diesem Prinzip anzupassen und dabei dem Leben und den Sinnsprüchen jener vorzeitlichen Weisen zu folgen, die als Einsiedler in Bambushainen lebten. Die Hauptlehren finden sich im Daodejing von Laozi (Laotse) und dem gleichnamigen Text von Zhuangzi (Dschuang Dsi), legendäre Figuren, die rätselhafte Einblicke in die Natur der Wirklichkeit mit spirituellen Lehren, politischem Rat und gesundem Menschenverstand verbanden. Laozi etwa: »Tue Nichtstuendes, strebe nach Nicht-Strebenswertem.« Zhuangzi fragt: »Bin ich ein Mann, der einmal davon träumte, ein Schmetterling zu sein, oder bin ich jetzt ein Schmetterling, der davon träumt, ein Mann zu sein?« Zum Volksdaoismus kommt eine Vielzahl chinesischer Überlieferungen dazu, etwa die Verehrung lokaler Gottheiten, spiritistischer Medien, Wahrsagerei, Astrologie, die Künste des Feng Shui, der Yoga-Energie des Taijiquan (Tai Chi) und des Qigong sowie der Alchemie. Der religiöse Daoismus systematisiert seine philosophischen und praktischen Ausprägungen und manifestiert sich in einem Kanon von Lehrschriften, Tempelanlagen und Mönchsorden.

3-SEKUNDEN-PREDIGT
Daoismus ist eine mystische Lebensart, in der eine Fülle rätselhafter chinesischer Praktiken und eine institutionalisierte Religion zusammenfinden.

3-MINUTEN-THEOLOGIE
Der Daoismus strebt nach Harmonie, Gleichgewicht, Energie und Fluss, wie sie in der Natur zu finden sind. Yin und Yang beziehen sich auf die Wechselseitigkeit der Dualität, etwa männlich und weiblich, dunkel und hell, warm und kalt. *Wu wei* (Nichthandeln) beschreibt die Stärke und Leichtigkeit, die aus dem Nichtwiderstreben gegen das Gegenwärtige rührt, so wie Wasser sein eigenes Niveau findet oder ein Baum die eigene Form. Das daoistische Ideal von schlichter Schönheit, Spontaneität und verborgenem Humor wird von einer chinesischen Version des Buddhismus gelehrt: Zen.

VERWANDTE RELIGIONEN
CHINESISCHER VOLKSGLAUBE
Seite 24
MAHAYANA-BUDDHISMUS
Seite 4
KONFUZIANISMUS
Seite 50

3-SEKUNDEN-BIOGRAFIEN
LAOTSE (auch LAOZI)
ca. 6. Jahrhundert v. Chr.

DSCHUANG DSI (auch ZHUANGZI)
ca. 4. Jahrhundert v. Chr.

SIEBEN WEISE VOM BAMBUSHAIN
ca. 3. Jahrhundert

30-SEKUNDEN-TEXT
Alexander Studholme

Einerseits mystisch, aber auch in vielerlei Hinsicht praktisch, betrachtet der Daoismus den natürlichen Fluss des Universums mit all seinen Inhalten.

KONFUZIANISMUS

30 Sekunden Religion

3-SEKUNDEN-PREDIGT

Der Konfuzianismus ist die prinzipiell weltliche Interpretation des Dao (Weg), der einen Verhaltenskodex festlegt und bis heute die chinesische Einstellung zu Familie, Gesellschaft und Staatsführung prägt.

3-MINUTEN-THEOLOGIE

Konfuzius beispielsweise zur persönlichen Moral: »Schande dem, der nur an seinen Lohn denkt, egal, ob die Regierung ihre Pflicht erfüllt oder nicht.« Zur Bildung: »Das Alte üben und das Neue kennen, dann kann man als Lehrer gelten.« Zur Regierung: »Wer sich selbst nicht zügeln kann, was geht den das Regieren von anderen an?« Und zur menschlichen Natur: »Nie habe ich jemanden gesehen, der der Tugend mehr ergeben war als der Sinnlichkeit.«

Konfuzius ging es um politische Harmonie in Zeiten großer sozialer Unruhe. Seine Lehre basierte auf vier Grundpfeilern· gegenseitige Rücksichtnahme – die goldene Regel, jeden so zu behandeln, wie man selbst behandelt werden möchte; Familie – Bindungen der Loyalität, Pietät und Achtung der Älteren; Humanität – vornehme Eigenschaften wie Höflichkeit, Großzügigkeit, Ehrlichkeit, Fleiß und Freundlichkeit; ritueller Anstand – gute Manieren und Etikette im Privaten und Gesellschaftlichen. Auch wenn viele Menschen im Konfuzianismus keine Religion sehen, umfasst sein Ideal des rituellen Anstands auch die Anbetung der Ahnengeister und die Verehrung des Kaisers als Sohn des Himmels, ein quasitheistisches Glaubenssystem. Im Lauf der Zeit unterstützte der Staat den Bau vieler konfuzianischer Tempel, in denen Konfuzius-Statuen wie eine Art Gottheit verehrt werden; dabei wurden manchmal daoistische und buddhistische Schreine gewaltsam ersetzt. Bis 1905 bildete die Kenntnis der Texte von Konfuzius und seinen Schülern die Grundlage der chinesischen Erziehung und der berüchtigten Beamtenprüfungen. Auch nach der kommunistischen Revolution folgte der atheistische Personenkult um den Vorsitzenden Mao Zedong und sein kleines rotes Buch nach wie vor dem konfuzianischen Modell des göttlichen Herrschers und seiner Aphorismen.

VERWANDTE RELIGIONEN

CHINESISCHER VOLKSGLAUBE
Seite 24

MAHAYANA BUDDHISMUS
Seite 40

DAOISMUS
Seite 48

3-SEKUNDEN-BIOGRAFIEN

KONFUZIUS
ca. 551–479 v. Chr.

MENZIUS (auch MENGZI)
ca. 371–289 v. Chr.

30-SEKUNDEN-TEXT

Alexander Studholme

Die moralischen, philosophischen und politischen Lehren des Konfuzius hatten quasireligiöse Bedeutung.

南

東　　　西

北

若へ伏羲の天下に
王ちらし時易と作
て万民の用に給む
といへ仰て天地を
遠み作りに天地を
あふぐ其の犯を
おくく驗こ察せ
ておそりにより
先仰て經緯せん
象を天う觀のふ
日月星辰のそろ
盈虧消長陰見て
泄まの奴を等て
のふといふも

I GING

Die Grundlage des I Ging, eines klassischen chinesischen Buches der Weissagung, ist ein Satz von acht Symbolen aus jeweils drei horizontalen Linien. Die Yin-Linien sind unterbrochen, die Yang-Linien durchgezogen.

Die acht Symbole sind als Trigramme bekannt; jedes Trigramm ist nach einem Aspekt der Natur (Erde, Berg, Wasser, Wind, Donner, Feuer, See und Himmel) benannt und weist eine Reihe von Merkmalen, wie etwa Familienbeziehung, Körperteil und Temperament auf. Der Himmel wird beispielsweise mit drei durchgezogenen Linien dargestellt und bedeutet Vaterschaft, Kopf und Stärke.

So weit, so gut. Da sich jedoch mit acht Symbolen tiefere Zusammenhänge nicht wirklich darstellen lassen, kam jemand auf die Idee, jeweils zwei Trigramme zu den 64 sogenannten Hexagrammen mit je sechs horizontalen Linien zu kombinieren. Und so entstand das I Ging. Einerseits kann das Buch als Orakel verwendet werden. Eine Person stellt eine Frage, und einige Schafgarben (die traditionelle Methode) oder Münzen (die schnelle Methode) werden geworfen, um ein Hexagramm zu erstellen. Dieses wird dann nach dem System des I Ging benannt und interpretiert.

Das I Ging ist aber viel mehr als ein Buch zur Deutung der Zukunft. Da sich der Text über Generationen von Kommentatoren, darunter auch Konfuzius, immer weiter entwickelte und verdichtete, entstand eine Art Lebensphilosophie. Die wichtigsten Themen sind Pragmatismus, Rationalismus, das Gleichgewicht der Gegensätze und ganz zentral die Unvermeidlichkeit des Wandels. Der Begriff des Wandels ist derart wichtig, dass er in das Werfen des Hexagramms eingebaut wurde, sodass sich bestimmte Linien von Yin zu Yang ändern und umgekehrt. Gemäß dem I Ging lehrt die wahre Weisheit, wie man mit diesem Wandel umgeht. I Ging, das auch als »Buch der Wandlungen« oder als »Klassiker der Wandlungen« bekannt ist, gehört zu den Vier Büchern und Fünf Klassikern des Konfuzianismus und ist sowohl für das konfuzianische als auch daoistische Denken von zentraler Bedeutung.

ca. 1150 v. Chr.
König Wen von Zhou kreiert die Hexagramme und schreibt das I Ging (Zhou Yi)

221 v. Chr.
Übersteht die Verbrennung der Bücher

551–479 v. Chr.
Zehn Flügel – Kommentare von Konfuzius und anderen

168 v. Chr.
Erstellung des Mawangdui-Textes, 1973 entdeckt

ca. 249
Aktuelle Anordnung des I Ging, erstellt von Wang Bi

Eine Seite aus dem I Ging zeigt die acht Trigramme

SHINTŌ

30 Sekunden Religion

Der Shintoismus oder Shintō

glaubt an *Kami*, der alle unsichtbaren geistigen Kräfte, die von namenlosen Mächten wie einem Wasserfall, einem schönen Baum oder einer rätselhaften Felsformation bis hin zu realen, personifizierten Wächtern oder Helfern reichen, umfasst. Eine shintoistische Gebetsstätte muss kein offizieller Tempel sein, der an dem Tor mit zinnoberrotem Querbalken zu erkennen ist, sondern kann auch ein schmuckloser Ort in der japanischen Landschaft sein, der nur mit einem weißen Seil markiert ist. Der Gläubige bietet eine Opfergabe dar, klatscht in die Hände oder klingelt, um das *Kami* aufmerksam zu machen, und spricht ein Gebet. Zu den beliebtesten *Kami* gehören Inari, die Reisgöttin, die berufliche Erfolg verspricht, und Tenjin, ein Gelehrter aus dem 9. Jahrhundert, den Studenten zur Prüfungszeit konsultieren. Kleine *Kami*-Schreine und -Amulette sind oft in Wohnungen und Büros zu finden. Shinto feiert den Mythos Japans und die tiefe Verbundenheit seiner Bewohner und Inseln. Im 19. Jahrhundert wurde der Shintoismus benutzt, um den militaristisch-faschistischen Nationalismus zu legitimieren, eine Phase, die 1946 nach der Niederlage Japans im Zweiten Weltkrieg offiziell damit endete, dass der Kaiser öffentlich darauf verzichtete, als Verkörperung Amaterasus, der Sonnengöttin des Shintoismus, zu gelten.

VERWANDTE RELIGIONEN
ANIMISMUS
Seite 18
MAHAYANA-BUDDHISMUS
Seite 40

30-SEKUNDEN-TEXT
Alexander Studholme

Die animistische Ansicht des Shintoismus feiert zahlreiche Naturphänomene, während die Verehrung persönlicher Gottheiten weltliche Vorteile mit sich bringt.

神道

ABRAHAMITISCHE RELIGIONEN

Agnostiker Jemand, der an der Existenz oder Nichtexistenz Gottes zweifelt (griech. *a* – nicht, *gnosis* – Wissen, also »ohne Wissen«).

Askese Streng enthaltsame und entsagende Lebensweise, um das spirituelle Bewusstsein zu steigern.

Babismus Von Sayyed Ali Mohammad 1844 in Persien gegründete Religion, eine Mischung aus Islam, Christentum, Judentum und Zoroastrismus, die Polygamie, Sklaverei und Alkohol verbot und sich für liberalere Frauenrechte aussprach. Ali Mohammad nahm den Titel des Bab (das Tor) an und behauptete, der 12. Imam der schiitischen Tradition zu sein. 1850 wurde er als Ketzer hingerichtet.

Chassidismus Ein Zweig des Judentums, der im 18. Jahrhundert von dem Rabbiner Israel ben Elieser, genannt Baal Schem Tov, im damaligen Polen-Litauen gegründet wurde. Seine Anhänger glauben an eine strenge Auslegung der jüdischen Gesetze und lehnen vieles, was sie als Ablenkung von der Verehrung Gottes ansehen, im modernen Leben ab.

Dschihad Kampf oder Krieg mit einem spirituellen Ziel. Der Begriff wird in erster Linie für den Heiligen Krieg der Muslime gegen Ungläubige verwendet und wurde durch Organisationen wie Al-Qaida (auch al-Kaida) bekannt. Eigentlich beschreibt er den inneren Kampf des Individuums um den geistigen Fortschritt und den Versuch, die Gesellschaft als Ganzes zu verbessern.

Hadith Sammlung von Aussprüchen und Taten des Propheten Mohammed, die aufgrund mündlicher Berichte zusammengetragen und durch nachfolgende islamische Gelehrte interpretiert wurden. Der Hadith steht hinter dem Koran an zweiter Stelle und bildet die Grundlage der islamischen Lebensweise (oder Sunna, die Tradition des Propheten).

Halacha Kanon aller Regeln, die die jüdische Lebensweise bestimmen. Sie entstammen in erster Linie der Tora, spiegeln aber auch spätere Traditionen und rabbinische Gesetze wider. Die Regeln beziehen sich auf Themen wie Gebets- und Speiseordnung, Eheführung und -scheidung. Das Wort ist aus dem Hebräischen (für »gehen« oder »wandeln«) abgeleitet.

Imam (Männliche) Vorbeter in einer islamischen Moschee. Das Wort wird auch als Ausdruck des Respekts gegenüber Gemeindeleitern und Lehrern verwendet. In der schiitischen Tradition bezieht sich der Begriff außerdem auf die zwölf geistigen Führer, die vom Propheten Mohammed abstammen.

koscher Den jüdischen Speisegesetzen entsprechend.

Mahdi Einigen Ausrichtungen des Islams zufolge ist der Mahdi der Messias, der erscheinen wird, um die Menschheit vor dem Ende der Welt zu erlösen. Viele behaupteten, der Mahdi zu sein, so auch Sayyed Ali Mohammad, der Gründer des Babismus (siehe oben).

Messias Der Retter der Juden, dessen Ankunft im Alten Testament erwartet wird. Für die Christen erfüllte sich mit Jesus von Nazareth diese Prophetie, sodass sie in ihm den Messias sehen. Grundsätzlich wird der Begriff benutzt, um eine Erlöserfigur zu benennen. Von dem hebräischen Wort *masiah* abgeleitet, das »Gesalbter« bedeutet.

Nomokratie Ein Regierungssystem auf der Grundlage des Rechts; einige beschrieben dieses als die Gesetze, die von religiösen Führern formuliert wurden (griech. *nomos* – Gesetz, *kratia* – regieren).

Rabbiner Ein religiöser Lehrer und geistlicher Führer der Juden.

Scharia Kodex der Regeln und Bräuche, die das muslimische Leben regeln. Sie stammen aus dem Koran und dem Hadith und gelten sowohl für das religiöse als auch das weltliche Leben. Behandelt werden Verbrechen, Politik, Finanzen, eheliche Beziehungen, Scheidung, Gebet, Fasten und persönliche Hygiene.

Theokratie Ein Regierungssystem auf der Grundlage religiöser Gesetze. Die Mitglieder des Klerus sind in der Regel an der Gesetzesbildung beteiligt, wenn sie die Gesetze nicht sogar selbst anwenden. Mit Ausnahme des Vatikans starben die meisten Theokratien im Westen während der Aufklärung aus. Im Nahen Osten ist der Iran eine prominente moderne Theokratie.

Tora Die ersten fünf Bücher des Alten Testaments – Genesis, Exodus, Levitikus, Numeri und Deuteronomium (1.–5. Buch Mose) – bilden den wichtigsten Teil der hebräischen Bibel. Gemäß jüdischer Überlieferung wurden diese Texte Moses auf dem Berg Sinai etwa 1513 v. Chr. von Gott diktiert. Sie enthalten Anweisungen für jeden Aspekt des Lebens, die in 613 Geboten (*Mitzwa*) festgelegt sind und die Grundlage des jüdischen Glaubens bilden. Die bekanntesten Regeln sind die Zehn Gebote. Die anderen Teile der jüdischen Überlieferungen sind die Propheten (*Nevi'im, Nebiim*) und die Schriften (*Ketuvim*).

ORTHODOXES JUDENTUM

30 Sekunden Religion

Das orthodoxe Judentum ist keine organisierte Gruppierung, sondern eine von vielen Glaubensrichtungen, die ein liberales jüdisches Glaubensverständnis ablehnt. Es kann bis zur Mitte des 19. Jahrhunderts in Deutschland zurückverfolgt werden und betont die unveränderliche Autorität von Tora (jüdisches Gesetz) und Halacha (Interpretation von Gerichtsurteilen nach der Heiligen Schrift), wie sie in den rabbinischen Texten von Talmud und Midrasch zu finden sind. Orthodoxe Juden glauben an einen einzigen, jenseits der Welt existierenden Gott, der der Menschheit das Gesetz überließ; dies spiegelt sich in der kosmischen, von Gott erschaffenen Ordnung wider. Durch Befolgung der jüdischen Gesetze und der Halacha können die Juden an dieser Ordnung teilhaben. Orthodoxe sind zwar strenggläubiger als liberale oder konservative Juden, doch sind sie bereit, sich auf die moderne Welt einzulassen, sofern dies nicht den Kern ihrer jüdischen Gesetze und Traditionen trifft. Weltliches Engagement wird von ultraorthodoxen oder chassidischen Juden, die jede Abweichung von jüdischen Traditionen ablehnen, als besonders problematisch angesehen; sie erhalten sich ein Gefühl von Erwähltheit und Andersartigkeit, indem sie unverwechselbare Kleidung tragen und an strengen Speisevorschriften festhalten.

3-SEKUNDEN-PREDIGT

Das orthodoxe Judentum ist von der Ablehnung, jüdische Traditionen an die Moderne anzupassen, geprägt; es priorisiert die Erhaltung einer wahren oder reinen jüdischen Identität.

3-MINUTEN-THEOLOGIE

Die Beziehung zwischen der jüdischen Orthodoxie und dem Staat Israel ist sehr komplex. Die ultraorthodoxen Neturei-Karta-Juden in Jerusalem bestreiten das Existenzrecht des Staates Israel, der erst nach dem Erscheinen des Messias gegründet werden könne. Die Gusch-Emunim-Bewegung vertritt die Ansicht, es sei die religiöse Pflicht der Juden, alles Land zurückzufordern, das ihnen Gott in Genesis 15 versprochen habe. Die meisten Vertreter der modernen zionistischen Bewegung führen jedoch ein durchaus weltliches Leben.

VERWANDTE RELIGIONEN
LIBERALES JUDENTUM
Seite 62

3-SEKUNDEN-BIOGRAFIEN
ISRAEL BEN ELIEZER
ca. 1700–1760

MOSES SOFER
1762–1839

SAMSON RAPHAEL HIRSCH
1808–1888

30-SEKUNDEN-TEXT
Mathew Guest

Obwohl sie die Notwendigkeit der Kommunikation mit der modernen Welt anerkennen, lehnen orthodoxe Juden diese Veränderung ab und betrachten die Tora als uneingeschränkt gültig.

LIBERALES JUDENTUM

30 Sekunden Religion

Das liberale Judentum entsteht

im 18. Jahrhundert unter europäischen Juden, die ihre Religion modernisieren wollen. Für einige liberale Juden steht der Glaube an Gott an zweiter Stelle hinter der Erhaltung des Judentums als kultureller Identität. Andere könnten sich eigentlich als Agnostiker bezeichnen oder wären vielleicht bereit, das Judentum auf einen ethischen Monotheismus zu reduzieren. Diese Sichtweise hat sich in den USA durchgesetzt, will weg vom konservativen Judentum und versucht, Elemente des traditionellen Judentums mit den Realitäten des modernen Amerika zu versöhnen. Das zeigt sich in vielerlei Hinsicht, etwa darin, Nichtjuden zu heiraten, die zusammen mit ihren Partnern in der Synagoge willkommen sind, in der Gleichstellung der Geschlechter und in der Wahlfreiheit. Das jüdische Gesetz wird nicht als unveränderliche Wahrheit betrachtet, sondern als Tradition, die wandlungsfähig ist. Das liberale Judentum sieht die Moderne nicht als Bedrohung, sondern als Chance, neue Wege einzuschlagen, um der jüdischen Identität einen zeitgemäßem Ausdruck zu geben. Dazu gehört auch die Verpflichtung, mit anderen Glaubensgruppen einschließlich orthodoxen Juden und Muslimen zusammenzuarbeiten und den interreligiösen Dialog als Weg zum menschlichen Verständnis und einem harmonischen Leben zu fördern.

3-SEKUNDEN-PREDIGT
Das liberale Judentum ist ein wichtiger Zweig der jüdischen Religion und dadurch bestimmt, jüdische Tradition und Identität an das sich ändernde moderne Leben anzupassen.

3-MINUTEN-THEOLOGIE
Für liberale Juden spielen religiöse Riten eine weniger wichtige Rolle als für orthodoxe Juden. Der Grund ist, dass man möglichst auf alles verzichten möchte, was die Absonderung der Juden als soziale Gruppe betont und ein »separatistisches« Image verstärkt. Stattdessen betrachtet das liberale Judentum eine bessere kulturelle Integration als positives Mittel, um die Gleichstellung mit der nichtjüdischen Bevölkerung zu erreichen.

VERWANDTE RELIGIONEN
ORTHODOXES JUDENTUM
Seite 60

3-SEKUNDEN-BIOGRAFIEN
MOSES MENDELSSOHN
1729–1786

SAMUEL HOLDHEIM
1806–1860

ABRAHAM GEIGER
1810–1874

ISAAC MAYER WISE
1819–1900

30-SEKUNDEN-TEXT
Mathew Guest

Das liberale Judentum bietet gleichermaßen Platz für Kultur und Identität wie auch für religiöse Praktiken und Überzeugungen.

יהוה בפי אתו אשמר
לך נא אתי אל מקום
קצהו תראה וכלו לא
ויקחהו שדה צפים אל

DIE TORA

Der jüdische Glaube beruht auf enorm viel Literatur,

die sich über mehrere tausend Jahre ansammelte. Tatsächlich umfasst der babylonische Talmud, der die Lehren der hebräischen Bibel erklärt und interpretiert und im 5. Jahrhundert v. Chr. zusammengestellt wurde, rund 13 000 Seiten. Dann gibt es die hebräische Bibel selbst, die im Wesentlichen den Teil des Alten Testaments der christlichen Bibel umfasst und in drei Teile gegliedert ist: Gesetz (Tora), Prophetenbücher (Nevi'im, Nebiim) und Schriften (Ketuvim). Im Mittelpunkt dieser Lehren steht das wichtigste aller Bücher: die Tora oder die ersten fünf Bücher des Alten Testaments – Genesis, Exodus, Levitikus, Numeri und Deuteronomium. Nach jüdischer Überlieferung wurden sie Moses etwa 1513 v. Chr. auf dem Berg Sinai von Gott offenbart. Dazu gehören Anweisungen zum rechtlichen, ethischen und spirituellen Leben, die in 613 Geboten (*Mitzwot*) festgelegt sind und die Grundlage des jüdischen Glaubens bilden. Die bekanntesten Gebote werden die Zehn Gebote genannt.

Exemplaren der Tora wird große Ehrfurcht entgegengebracht. Die 304 805 Buchstaben des Textes werden von einem ausgebildeten *Sofer* von Hand auf Pergament geschrieben, was bis zu zwei Jahre dauern kann. Nach Prüfung und Genehmigung wird die Schriftrolle an der nach Jerusalem weisenden Synagogenwand im Toraschrein aufbewahrt und mit geschmücktem Stoff bedeckt; so ist sie auch für die Gemeinde beim Gebet sichtbar. In den Gottesdiensten wird sie herausgenommen und aus ihr von einer Kanzel (*Bima*) vorgelesen, wozu ein silberner Zeigestab benutzt wird, um Verschmutzungen zu vermeiden. Jede Woche wird ein anderer Ausschnitt (oder *Parascha*) der Tora gelesen; wenn der letzte Absatz des Deuteronomium erreicht ist, beginnt der Zyklus wieder von vorn. Dies dauert ein Jahr. Ist die Tora abgenutzt, wird sie auf einem Friedhof begraben.

1513 v. Chr.
Moses spricht auf dem Berg Sinai zu Gott (nicht gesichert)

900–450 v. Chr.
Die Hauptabschnitte der Hebräischen Bibel werden geschrieben

ca. 90–70 v. Chr.
Rat von Jawne (Jamnia) definiert die Hebräische Bibel (zweifelhaft)

1475
Erste gedruckte Ausgabe der Tora

1783
Übersetzung ins Deutsche durch Moses Mendelssohn

Der Text der Tora wird von Hand geschrieben, was bis zu zwei Jahre in Anspruch nehmen kann

SUNNITISCHER ISLAM

30 Sekunden Religion

Das arabische *Sunna* steht für

»Brauch« oder »Kodex« und wird von den Sunniten als Verhaltenskodex zusätzlich zu den Lehren des Korans befolgt. Sunniten definieren ihr Selbstverständnis in faktischer Übereinstimmung mit dem islamischen Recht, wie es durch die breitere islamische Gemeinschaft als authentische Praxis des Propheten Mohammed vereinbart wurde. Von ihm wird angenommen, er habe das perfekte Leben geführt. Die *Sunna* ist Teil des *Hadith,* einer Sammlung von Sprüchen, die von seinen Anhängern übermittelt und von Juristen in der Scharia interpretiert wurden; sie bestimmt die Lebensweise der Muslime in allen Aspekten ihres täglichen Lebens. Es gibt keine zentrale Autorität im sunnitischen Islam; seine Lehre ergibt sich aus der komplexen Rechtsprechung der *Sunna*, deren Pionier Asch-Schafi'i im 9. Jahrhundert war. In ihr wird alles durch Analogie und Entsprechung dem Koran und dem *Hadith* untergeordnet. Der besondere Wert von Text und Gesetz der *Sunna* gründet auf ästhetischen Traditionen. Kunst in Moscheen hat immer nur abstrakten Charakter, das Abbild eines Geschöpfes, das den Geist des einzelnen Moslems vom göttlichen Wort abbringen könnte, ist nicht erlaubt. Daher hat Kalligraphie im muslimischen Kulturraum eine lange und hochentwickelte Tradition.

3-SEKUNDEN-PREDIGT
Die Sunniten bilden im Islam die Mehrheit und definieren ihr Selbstverständnis aus der Tradition des Propheten Mohammed.

3-MINUTEN-THEOLOGIE
Im Laufe der sunnitischen Geschichte wurde den *Ulama* – Interpreten von Gottes Worten, Spezialisten im klassischen Arabisch und Experten in der Auslegung des Korans – ein besonderer Status zuteil. Die *Ulama* erreichten innerhalb der islamischen Gesellschaften einflussreiche Positionen und kontrollierten oft die Macht der dynastischen Höfe. Ein derartiges Gesellschaftssystem wird Nomokratie genannt (griech. *Nomos* – Gesetz), weil es sich auf die Gesetze Gottes beruft und nicht auf irgendeinen Anspruch der Stellvertreterschaft Gottes (»Theokratie«).

VERWANDTE RELIGIONEN
SCHIITISCHER ISLAM
Seite 68

3-SEKUNDEN-BIOGRAFIEN
ASCH-SCHAFI'I
gest. 822

ABU L-HASAN AL-ASCH'ARI
873–935

30-SEKUNDEN-TEXT
Mathew Guest

Sunnitische Moslems folgen einer Lebensweise, die in der Scharia beschrieben ist; sie wird von dazu berechtigten Gesetzgebern bestimmt.

وَإِذْ أَخَذْنَا مِيثَاقَكُمْ لَا تَسْفِكُونَ دِمَاءَكُمْ وَلَا تُخْرِجُونَ
أَنفُسَكُم مِّن دِيَارِكُمْ ثُمَّ أَقْرَرْتُمْ وَأَنتُمْ تَشْهَدُونَ ۞
ثُمَّ أَنتُمْ هَٰؤُلَاءِ تَقْتُلُونَ أَنفُسَكُمْ وَتُخْرِجُونَ فَرِيقًا
مِّنكُم مِّن دِيَارِهِمْ تَظَاهَرُونَ عَلَيْهِم بِالْإِثْمِ وَالْعُدْوَانِ
وَإِن يَأْتُوكُمْ أُسَارَىٰ تُفَادُوهُمْ وَهُوَ مُحَرَّمٌ عَلَيْكُمْ
إِخْرَاجُهُمْ أَفَتُؤْمِنُونَ بِبَعْضِ الْكِتَابِ وَتَكْفُرُونَ بِبَعْضٍ
فَمَا جَزَاءُ مَن يَفْعَلُ ذَٰلِكَ مِنكُمْ إِلَّا خِزْيٌ فِي الْحَيَاةِ الدُّنْيَا
وَيَوْمَ الْقِيَامَةِ يُرَدُّونَ إِلَىٰ أَشَدِّ الْعَذَابِ وَمَا اللَّهُ بِغَافِلٍ
عَمَّا تَعْمَلُونَ ۞ أُولَٰئِكَ الَّذِينَ اشْتَرَوُا الْحَيَاةَ الدُّنْيَا
بِالْآخِرَةِ فَلَا يُخَفَّفُ عَنْهُمُ الْعَذَابُ وَلَا هُمْ يُنصَرُونَ ۞
وَلَقَدْ آتَيْنَا مُوسَى الْكِتَابَ وَقَفَّيْنَا مِن بَعْدِهِ بِالرُّسُلِ
وَآتَيْنَا عِيسَى ابْنَ مَرْيَمَ الْبَيِّنَاتِ وَأَيَّدْنَاهُ بِرُوحِ الْقُدُسِ
أَفَكُلَّمَا جَاءَكُمْ رَسُولٌ بِمَا لَا تَهْوَىٰ أَنفُسُكُمُ اسْتَكْبَرْتُمْ
فَفَرِيقًا كَذَّبْتُمْ وَفَرِيقًا تَقْتُلُونَ ۞ وَقَالُوا قُلُوبُنَا
غُلْفٌ بَل لَّعَنَهُمُ اللَّهُ بِكُفْرِهِمْ فَقَلِيلًا مَّا يُؤْمِنُونَ

SCHIITISCHER ISLAM

30 Sekunden Religion

Der schiitische Islam (Schia) leitet seinen Namen von arabisch *shi'at 'Ali* (Partei Alis) ab. Ali war ein Vetter des Propheten Mohammed und Ehemann seiner Tochter Fatima. Diejenigen, die auf Ali und seine Nachkommen folgten, nahmen für sich in Anspruch, Nachkommen des Propheten und rechtmäßige Führer der muslimischen Gemeinschaft zu sein. Schiiten glauben an Allah und die Lehren des Korans. Sie entwickelten aber ihre eigene Theologie, die der der sunnitischen Mehrheit widerspricht, die ihrerseits glauben, die orthodoxe Lehre sei durch dazu befugte Gesetzgeber entstanden; so glauben Sunniten, ein unfehlbarer Imam sei die einzige Quelle religiöser Lehre und jeder Generation erscheine ein solcher Imam. Die meisten Schiiten halten die Linie der Imame mit dem mysteriösen Verschwinden des zwölften Imam, Muhammad al-Mahdi, 878 für beendet. Die modernen Führer, oft Ajatollahs genannt, werden als Stellvertreter betrachtet, die die Rückkehr des letzten Imams – oft Mahdi genannt – erwarten, einer messianischen Gestalt, die am Ende der Zeit über das Böse triumphieren und über die Welt herrschen wird. Im religiösen Leben der Schiiten ist der Gedenktag an Alis Sohn al-Husain wichtig, der 680 von den Umayyaden getötet wurde. Sein Grab in Kerbela, Irak, ist für Schiiten neben Mekka und Medina eine der heiligsten Stätten.

3-SEKUNDEN-PREDIGT
Die Schiiten sind die größte Minderheit des Islams und leben heute hauptsächlich in der Golfregion. Ihre Sicht von Autorität und Herrschaft weicht von jener der Sunniten ab.

3-MINUTEN-THEOLOGIE
Seit dem 10. Jahrhundert wird die schiitische Theologie von einem rationalistischen Denken bestimmt. Nach schiitischer Ansicht beruht das sunnitische Vertrauen in Gelehrte auf bloßen Vermutungen, was durch die Anerkennung des Imams überwunden wird; allerdings gibt es seit 878 keinen Imam mehr. Die *Mu'tazila*-Bewegung bietet dafür eine Lösung: *Vernunft* allein sei maßgebliche Quelle der Lehre, sicherer als jede Tradition und in Übereinstimmung mit dem Imam, dessen Lehre Ausdruck der Vernunft sei.

VERWANDTE RELIGIONEN
SUNNITISCHER ISLAM
Seite 66

3-SEKUNDEN-BIOGRAFIEN
ALI (ALI IBN ABI TALIB)
gest. 661

MUHAMMAD AL-MAHDI
gest. 878

GROSSAJATOLLAH
RUHOLLAH CHOMEINI
1900–1989

30-SEKUNDEN-TEXT
Mathew Guest

Der schiitische Islam legt ein größeres Gewicht auf die Abstammung vom Propheten, vor allem von Ali, der zusammen mit den nachfolgenden Imamen als unfehlbar gilt.

DER KORAN

Für Muslime ist der Koran mehr als nur ein Buch.

Es ist nichts weniger als das reine, unverfälschte Wort Gottes. Aus diesem Grund waschen strenge Muslime ihre Hände, bevor sie die »Mutter aller Bücher« öffnen, und kümmern sich sorgfältig um ihr Buch. Wenn die Seiten schließlich abgegriffen sind, werden sie nicht weggeworfen, sondern zum Fortschwemmen in einen Bach gelegt oder an einem abgelegenen Ort begraben. Eine Ausgabe des Korans fortzuwerfen oder sogar zu recyceln wäre Gotteslästerung.

Nach muslimischem Verständnis offenbarte der Erzengel Gabriel dem Propheten Mohammed den Koran über einen Zeitraum von 23 Jahren, von 610 bis zu seinem Tod im Jahr 632. Entscheidend ist allerdings, dass Mohammed den Text nicht selbst zusammenstellte, sondern nur weitergab, was ihm gesagt wurde. In diesem Sinne unterscheidet sich das Buch von der Bibel, die allgemein als menschlicher (und somit fehlbarer) Bericht historischer Ereignisse angesehen wird.

Der Koran wurde jedoch während Mohammeds Leben nie zu Papier gebracht. Stattdessen wurde er von Tausenden von Jüngern memoriert, Fragmente wurden auf Palmblätter, flache Steine und sogar Knochen geschrieben. Nach dem Tod Mohammeds sammelte der erste Kalif Abu Bakr alle Verse und fasste sie in einem Buch zusammen, das er Mohammeds Witwe Hafsa anvertraute. Innerhalb von wenigen Jahren schlichen sich jedoch regionale Abweichungen in den Text ein, sodass der dritte Kalif Uthman das Buch von Hafsa erneut herausgab und alle anderen Versionen verbrannte. Dieser sogenannte »uthmanische Kodex« bildet die Grundlage des heutigen Buches.

Die Echtheit des Textes ist für Muslime wichtig, die die Verse lernen und im Gebet nutzen. Einige wenige außergewöhnliche Menschen, als Hafiz bekannt, haben den gesamten Text auswendig gelernt – 114 Kapitel, 6236 Verse oder rund 80 000 Wörter.

610
Der Text wird Mohammed offenbart

632
Tod von Mohammed

ca. 650
Kalif Uthman veröffentlicht eine standardisierte Version

ca. 1143
Erste nichtarabische Übersetzung (Latein)

1722
Erste deutsche Übersetzung aus dem Arabischen

1935
Ägypten veröffentlicht eine standardisierte Übersetzung

Die erste Seite des Heiligen Korans, dessen Exemplare mit höchstem Respekt behandelt werden.

SUFISMUS

30 Sekunden Religion

3-SEKUNDEN-PREDIGT
Als mystischer Zweig des Islams konzentriert sich der Sufismus auf die Erkenntnis Gottes durch innere Zustände oder persönliche Erfahrungen.

3-MINUTEN-THEOLOGIE
Einige Sufis brachten ihre Verbundenheit mit dem Göttlichen als eine tatsächliche Vereinigung mit Gott zum Ausdruck. Die Sprüche von Bayazid Bistami, Mystiker des 9. Jahrhunderts, benutzten oft die erste statt der dritten Person – Bayazid wandte sich an seine Leser, als sei er Gott. Während der Koran Mohammed mit derselben Methode darstellt, blieb die Vorstellung, dass mystische Erfahrung zur Identifikation mit dem Göttlichen führt, vor allem unter den *Ulama* (Gesetzgebern) des orthodoxen Islams umstritten.

Ursprünglich von Asketen der östlichen Tradition im Christentum geprägt, betonten Sufis die Abkehr von weltlichen Dingen – eine Verherrlichung der Armut und der inneren Reinheit. Anders als im christlichen Mönchtum war dies jedoch nicht gleichbedeutend mit der Notwendigkeit, den Leib zu demütigen, sondern zielte auf die Befreiung des menschlichen Geistes, um mit Gott vertrauter zu werden. Sufis waren im Islam immer umstritten – nicht zuletzt wegen ihrer Betonung des inneren Seelenlebens, das oft als Ablehnung der Scharia und der rituellen Einhaltung des täglichen Gebets interpretiert wird. Al-Ghazali, persischer Theologe im 11. Jahrhundert, wurde bekannt, weil er einen Mittelweg zwischen der frommen Theologie der Scharia und der erlebten Hingabe an Gott suchte, wie sie der Sufismus lehrt. Während der strenggläubige Islam Musik im Gottesdienst ablehnt, blicken Sufis hier auf eine lange Tradition zurück. Wahrscheinlich das berühmteste Beispiel dafür sind die sogenannten wirbelnden Derwische des türkischen Mevlevi-Ordens, deren Tanz das Kreisen der Planeten um die Sonne nachbildet; heute sind sie in erster Linie eine Touristenattraktion.

VERWANDTE RELIGIONEN
SUNNITISCHER ISLAM
Seite 66
SCHIITISCHER ISLAM
Seite 68

3-SEKUNDEN-BIOGRAFIEN
MANSUR AL-HALLADSCH
ca. 858–922
AL-GHAZALI
1058–1111

30-SEKUNDEN-TEXT
Mathew Guest

Oft als der mystische Zweig des Islams bezeichnet, setzt sich der Sufismus für die Askese als Mittel ein, Gott näherzukommen.

AHMADIYYA

30 Sekunden Religion

Die Ahmadiyya-Bewegung wurde

1889 von Mirza Ghulam Ahmad, der von sich glaubte, der verheißene Messias für die muslimische Gemeinschaft der Mahdi zu sein, in Indien gegründet. Mehrmals verkündete Ahmad auch, der Mudschaddid oder »Erneuerer« des Islams, die Inkarnation des Hindu-Gottes Krishna, der wiedergekehrte Christus sowie eine Erscheinung des Propheten Mohammed zu sein. Während die Ahmadis konsequent das Hauptziel verfolgen, den Islam zu erneuern, werden sie von orthodoxen Muslimen mit Misstrauen betrachtet. Während Ahmad zwar behauptete, Mohammed untergeordnet zu sein, passte sein Anspruch, eine neue Offenbarung von Gottes Lehre zu liefern, um den Islam auf den rechten Weg zurückzuführen, schlecht zur zentralen Lehre des Islams, nach der Mohammed das »Siegel« der Propheten ist. Tatsächlich führte dies zu einer teilweisen Verfolgung der Ahmadis in muslimischen Ländern wie etwa in Pakistan, wo sie als nichtmuslimische Minderheit gelten. Für Ahmadis ist die Lehre von Ahmad neben dem Koran zentral; dazu gehört auch der Aufruf zur Beendigung von Religionskriegen sowie die Einführung von Frieden und sozialer Gerechtigkeit. Wie die Bahai erkennen Ahmadis die Lehren anderer Religionsstifter an, darunter Zarathustra, Buddha und Konfuzius; Ahmad lehrte allerdings, dass sich diese im einzig wahren Islam zusammenfänden.

3-SEKUNDEN-PREDIGT
Ahmadiyya ist eine Erweckungsbewegung innerhalb des Islams, die mit der Lehre vom messianischen Führer im orthodoxen Islam bricht.

3-MINUTEN-THEOLOGIE
Die Ahmadiyya-Bewegung hat einen leidenschaftlichen Missionierungswillen, der die Förderung des Islams mit friedlichen Mitteln sucht, vor allem durch die Verbreitung von Literatur und die Übersetzung des Korans in zahlreiche Sprachen. In diesem Sinne beschreibt die Bewegung den Dschihad primär als Kampf gegen seine eigenen tiefsten Wünsche. Nach Ahmads Lehre wird das Konzept des gewaltsamen Dschihads (Heiliger Krieg) in der Neuzeit als unnötig betrachtet – die richtige Antwort auf Hass ist Liebe und Güte.

3-SEKUNDEN-BIOGRAFIEN
MIRZA GHULAM AHMAD
1835–1908

HAKIM MAWLAWI NUUR UD-DIN
1841–1914

ABDUS SALAM
1926–1996

30-SEKUNDEN-TEXT
Mathew Guest

Von orthodoxen Muslimen oft beargwöhnt, ist Ahmadiyya eine Gemeinschaft von Anhängern des selbsternannten Messias und Propheten Mirza Ghulam Ahmad.

BAHAITUM

30 Sekunden Religion

3-SEKUNDEN-PREDIGT
Von zentraler Bedeutung
für die Bahai ist die Überzeugung von der Einheit
aller Religionen; deshalb
gilt es, die Menschheit zu
feiern und den Weltfrieden
zu suchen.

3-MINUTEN-THEOLOGIE
Während seine theologi-
schen Wurzeln im schiiti-
schen Islam des 19. Jahr-
hunderts im Iran liegen, ist
das Bahaitum in den letz-
ten 100 Jahren am stärks-
ten durch die Begegnung
mit der westlichen Kultur
geprägt worden. Mit der
Ausbreitung nach Westen
hat es Ideale einer globalen Einheit entwickelt, die
sich mit Werten decken,
wie sie internationale Organisationen wie etwa die
Vereinten Nationen ver-
treten. Allerdings gründet
sich die Einheitsvision des
Bahaitum nicht auf demo-
kratisch entwickelte Er-
kenntnisse, sondern auf
universelle Moralprinzi-
pien.

Als eine Bewegung innerhalb des Babismus, der wiederum eine Sekte innerhalb des schiitischen Islams war, hat das Bahaitum seinen Ursprung in den 1860er-Jahren im Iran. Sein Gründer Baha'ullah glaubte, ein Prophet mit neuen Offenbarungen zu sein, hervorgegangen aus einer langen Reihe aufeinanderfolgender Propheten wie Abraham und Jesus. Anfangs auf den Nahen Osten beschränkt, expandierte das Bahaitum 1894 in die USA und fand dort einen religiösen Pluralismus vor, der für sein Vorhaben geeignet schien, mit dem schiitischen Islam zu brechen und eine neue Weltreligion als Gipfel- und Kulminationspunkt aller Weltreligionen zu verkünden. Bahai bleiben ihrer globalen Mission verpflichtet (vor allem in Entwicklungsländern), wobei sie integrierende Werte entschieden beja-hen, etwa die Einheit der Menschheit, allgemeine Bildung, die Harmonie von Religion und Wissen-schaft, die Monogamie und die Gleichstellung der Geschlechter. Die Bewegung hat weder eine strenge Hierarchie noch Priester, obwohl sie eine gewisse Verwaltungsstruktur kennt und Baha'ul-lah und seine Schriften als Manifestationen Got-tes ansieht. Bahai treffen sich zu Gebet und hei-ligen Lesungen sowie zum gemeinsamen Essen und zu Gemeindeaktivitäten, die von gewählten Vertretern organisiert werden.

VERWANDTE RELIGIONEN
SCHIITISCHER ISLAM
Seite 68

3-SEKUNDEN-BIOGRAFIEN
BAHA'ULLAH
1817–1892

'ABDUL-BAHA
1844–1921

SCHOGHI EFFENDI
1897–1957

30-SEKUNDEN-TEXT
Mathew Guest

Das seine schiitische Herkunft überwinden-de Bahaitum wirbt für sich als Weltreligion, in deren Mittelpunkt die Einheit der Religionen, Weltfrieden und Gleichheit stehen.

ABENDLÄNDISCHES CHRISTENTUM

Ablass Vergebung von Sünden und Erlass von Strafen. Im Mittelalter wurden Ablässe von der katholischen Kirche als Belohnung für gute Taten und frommes Verhalten gewährt. Allerdings wurde das System zunehmend missbraucht, indem professionelle »Begnadiger« Ablässe verkauften, um Geld für die Kirche (und sich selbst) zu beschaffen.

Auserwählte Im Calvinismus diejenigen, die von Gott im Voraus für das Heil auserwählt werden.

Baum der Erkenntnis Ein Baum im Garten Eden, von dem zu essen Adam und Eva verboten war. Ihr Ungehorsam brachte nach christlichem Glauben den Menschen die Erbsünde.

Eucharistie Eine christliche Zeremonie, die an das letzte Abendmahl Christi mit seinen Jüngern vor seiner Kreuzigung erinnert. Es wird mit Wein (oder Traubensaft) und Brot nachgebildet. Obwohl alle Christen die Eucharistie feiern, unterscheiden sie sich in deren Interpretation: Katholiken glauben, dass Brot und Wein der wahre Leib und das wahre Blut Christi sind, während Protestanten die Eucharistie als Gedenken sehen.

Evangelikalismus Richtung des Christentums, die zu den ursprünglichen Lehren des Neuen Testaments statt zu späteren Interpretationen zurückkehren will. Die Bewegung begann im 16. Jahrhundert mit Martin Luther, Johannes Calvin und Ulrich Zwingli, ist aber seitdem von vielen anderen reformistischen Gemeinschaften angenommen worden.

Evangelium Die ersten Bücher des Neuen Testaments, benannt nach den Jüngern Jesu (Matthäus, Markus, Lukas und Johannes), die traditionell als ihre Autoren gelten. Die Evangelien berichten aus dem Leben Jesu und vermitteln seine »frohe Botschaft« des Heils (griech. *eu-angelion*).

Exkommunikation Von einer Kirche oder Religionsgemeinschaft ausgeschlossen.

First Great Awakening (Erste Große Erweckung) Wiederbelebung religiöser Frömmigkeit, die in Amerika Mitte des 18. Jahrhunderts stattfand. Die Bewegung wurde von charismatischen evangelikalen Predigern inspiriert, die sich an das persönliche Gewissen der Leute wandten. Ausgehend von Pennsylvania und New Jersey, wurde die Bewegung von Missionaren in ganz Amerika verbreitet. Die Zweite Große Erweckung war eine ähnliche Bewegung Anfang des 19. Jahrhunderts.

Großes Schisma Die Spaltung der Kirche in eine römisch-katholische und eine griechisch-orthodoxe Glaubensgemeinschaft im Jahr 1054 (auch als »Morgenländisches Schisma« bekannt). Die Spaltung erfolgte aus mehreren Gründen, auch aus der Weigerung der griechischsprachigen Katholiken, Rom das Primat zuzuerkennen. Außerdem gab es auch Streit um die Person des Heiligen Geistes und die Frage, ob das eucharistische Brot aus Sauerteig oder aus ungesäuertem Teig zu bereiten sei.

Ikonen Figuren oder Abbildungen, etwa von christlichen Heiligen, die in bestimmten Religionen verehrt werden.

Mariä Himmelfahrt Nach Marias Tod die leibliche Aufnahme in den Himmel, auch als Entschlafung Mariens bekannt. Seit Hunderten von Jahren von den Katholiken am 15. August gefeiert, wurde Mariä Himmelfahrt erst 1950 von Papst Pius XII. zum katholischen Dogma erhoben.

Prädestination Vorstellung, nach der Gott das Schicksal aller Dinge vorherbestimmt hat, darunter auch wer zum ewigen Leben erwählt wird. Calvinisten gehen noch weiter und glauben an eine doppelte Prädestination, derzufolge Gott vorgegeben habe, wer auserwählt und wer verdammt sei (um für die eigenen Sünden zu leiden).

Reformation Bewegung im Europa des 16. Jahrhunderts, die die katholische Kirche reformieren und von korrupten Praktiken befreien wollte, etwa vom Verkauf von Ablässen. Mit der Veröffentlichung von Martin Luthers *95 Thesen* im Jahr 1517 beginnend, führte sie zum Entstehen der evangelischen Kirchen und zur Auflösung von Klöstern, zum Beispiel in England.

Sakrament Religiöser Ritus, in dem die Wirklichkeit Gottes gegenwärtig wird. Die evangelische Kirche kennt zwei Sakramente, Taufe und Abendmahl, die katholische Kirche sieben: Taufe, Firmung, Beichte, Ehe, Priesterweihe, Eucharistie und Krankensalbung.

Sündenfall Nach christlicher Vorstellung der Moment, als die Menschheit ihre Unschuld verlor und ihre erste Sünde beging. Obwohl Gott Adam und Eva verboten hatte, eine Frucht vom Baum der Erkenntnis zu essen, erlagen sie der Versuchung, worauf sie sich ihrer Nacktheit schämten und aus dem Paradies vertrieben wurden.

Unbefleckte Empfängnis Die Vorstellung, dass Maria, die Mutter Christi, ohne Sünde empfangen wurde. Dies unterscheidet sich von der Jungfrauengeburt, nach der Maria Christus gebar, zugleich aber Jungfrau blieb.

RÖMISCHER KATHOLIZISMUS

30 Sekunden Religion

3-SEKUNDEN-PREDIGT
Die größte christliche Konfession, die vom Papst geleitet wird und den Missionsauftrag hat, das Evangelium (Frohe Botschaft) von Jesus Christus zu verbreiten, Sakramente zu spenden und Nächstenliebe zu üben.

3-MINUTEN-THEOLOGIE
Für Katholiken ist Maria, die Mutter Jesu, oft eine Figur der Anbetung. Sie glauben, dass Maria ohne Sünde (»Unbefleckte Empfängnis«) empfangen wurde, selbst Jesus auf wunderbare Weise vom Heiligen Geist empfing (»Jungfrauengeburt«) und mit Leib und Seele am Ende ihres irdischen Lebens in den Himmel aufgenommen wurde (»Mariä Himmelfahrt«). Viele wichtige katholische Wallfahrtsorte berufen sich auf wundersame Marienerscheinungen, etwa Fatima, Guadalupe oder Lourdes.

Die römisch-katholische Kirche

ist die größte Religionsgemeinschaft der Welt – über die Hälfte aller Christen sind Katholiken. Oberhaupt der Kirche ist der Bischof von Rom, besser bekannt als Papst (von griech. *pappas* – Vater), der sich in unmittelbarer Nachfolge des heiligen Petrus sieht, des ersten Bischofs von Rom, dem die Leitung der Jünger Jesu anvertraut worden war. Die katholische Kirche sieht ihre Hauptaufgabe darin, das Evangelium (Frohe Botschaft) Jesu Christi zu verkünden, nach dem Gott in der Person des Jesus von Nazareth die Welt aus ihrem Zustand der Erbsünde gerettet hat. Für Katholiken ist Christus in der Kirche selbst gegenwärtig, um Gottes Werk der Erlösung bis zur prophezeiten Wiederkehr Jesu Christi weiterzuführen. Im Mittelpunkt kirchlichen Wirkens stehen die Sakramente, die als sichtbare Zeichen göttlicher Gnade begriffen werden und der Kirche anvertraut sind. Das Hauptsakrament ist die Eucharistie, bei der sich nach katholischem Verständnis Brot und Wein in Leib und Blut Christi verwandeln. Katholiken glauben, dass jede Person nach dem Tod vor dem Gericht Gottes steht: Die Tugendhaften werden mit Gott im Himmel vereint, die Bösen von Gott in die Hölle verdammt; die meisten kommen in das Fegefeuer, einen vorübergehenden Ort der Läuterung vor dem Eintritt in den Himmel.

VERWANDTE RELIGIONEN
ABRAHAMITISCHE RELIGIONEN
Seite 56–77
ABENDLÄNDISCHES CHRISTENTUM
Seite 78–97
CHRISTENTUM WELTWEIT
Seite 98–115

3-SEKUNDEN-BIOGRAFIEN
JESUS VON NAZARETH
ca. 5 v. Chr. – ca. 30
PETRUS
ca. 1 v. Chr. – 67
THOMAS VON AQUIN
1225–1274

30-SEKUNDEN-TEXT
Russell Re Manning

Maria spielt im Katholizismus eine viel wichtigere Rolle als in jeder anderen christlichen Kirche – das Bild der Madonna mit dem Kind ist besonders weit verbreitet.

ORTHODOXE KIRCHE

30 Sekunden Religion

3-SEKUNDEN-PREDIGT
Eine Gemeinschaft von selbstverwalteten christlichen Kirchen in Osteuropa und dem östlichen Mittelmeer, die durch Praktiken der spirituellen Transformation und die Verwendung von Ikonen gekennzeichnet ist.

3-MINUTEN-THEOLOGIE
Ikonen (griech. *eikón – Bild*) sind im orthodoxen Gottesdienst von zentraler Bedeutung. Diese stark stilisierten Bilder von Christus, Maria und den Heiligen findet man häufig in den Kirchen, insbesondere auf der großen *Ikonostase*, der dreitürigen Bilderwand zwischen Gemeinde- und Altarraum, und bei den Gläubigen zu Hause. Orthodoxe Christen beten eine Ikone nicht an, sondern verehren sie eher als Abbild dessen, was sie darstellen, so wie Christus selbst als Verkörperung des unsichtbaren Gottes gilt.

Zu den orthodoxen Kirchen gehören mindestens 14 eigenständige Glaubensgemeinschaften, die theologisch und strukturell nicht vereint sind. Orthodoxe Christen glauben, dass ihre Kirche unmittelbar auf die erste Kirche zurückgeht, die vom Apostel Paulus gegründet wurde und die unverfälschte christliche Lehre vertritt, wie sie im östlichen Mittelmeerraum entwickelt wurde. Mit dem Byzantinischen Reich spaltete sich die orthodoxe Kirche aus dogmatischen und politischen Gründen von der römisch-katholischen Kirche ab; theologisch wurde das Große Schisma (1054) durch Differenzen über die Lehre des Heiligen Geistes (die *Filioque*-Debatte) begründet, tatsächlich aber gehörte auch politischer Streit zwischen Konstantinopel und Rom zu den Ursachen. Orthodoxe Christen betrachten ihr religiöses Leben als eine Form der *theosis* (Vergöttlichung), in der Gläubige durch mystische Teilhabe an Jesus Christus geistig verwandelt werden. Gebet und die Betrachtung der Geheimnisse des Glaubens sind für diese Form des Lebens zentral; das Mönchtum ist ein ideales Beispiel dafür. Die Orthodoxie glaubt, dass die Auferstehung Jesu von den Toten nach drei Tagen das zentrale Geheimnis ist, das die Hoffnung auf den endgültigen Sieg Gottes durch Jesus Christus nährt, der oft in der Gestalt des *Pantokrators* (Weltenherrscher) dargestellt wird.

VERWANDTE RELIGIONEN
ABRAHAMITISCHE RELIGIONEN
Seite 56–77
ABENDLÄNDISCHES CHRISTENTUM
Seite 78–97
CHRISTENTUM WELTWEIT
Seite 98–115

3-SEKUNDEN-BIOGRAFIEN
JESUS VON NAZARETH
ca. 5 v. Chr. – ca. 30

PHOTIUS I
ca. 810 – ca. 893

GREGORIOS PALAMAS
1296–1359

MARKOS EUGENIKOS
1392–1444

30-SEKUNDEN-TEXT
Russell Re Manning

Die östliche Orthodoxie betrachtet den Heiligen Geist allein vom Vater ausgehend und nicht auch vom Sohn – die Filioque-Debatte, die Ost und West teilte.

DIE BIBEL

Von der Bibel, dem meistverkauften Buch aller

Zeiten, wird angenommen, dass zwischen 2,5 und 6 Milliarden Exemplare verkauft worden sind. Doch das heilige Buch der Christen ist eine merkwürdige Mischung von Texten, die von 40 Autoren in drei Sprachen über einen Zeitraum von 1500 Jahren verfasst worden sind. Zudem gibt es viele unterschiedliche Versionen.

Die Bibel besteht aus zwei Teilen. Der erste, das zwischen 1200 und 165 v. Chr. geschriebene Alte Testament, besteht aus 39 Büchern und deckt die Geschichte der Welt von ihrer Entstehung (Genesis) bis kurz vor der Geburt Jesu ab. Dies ist bei weitem der umfassendere der beiden Teile. Das im 1. Jahrhundert geschriebene Neue Testament besteht aus 27 Büchern über das Leben Jesu und die Anfänge des Christentums. Es gibt Evangelien von Matthäus, Markus, Lukas und Johannes, auf die die Apostelgeschichte des Lukas über die ersten 30 Jahre des Christentums folgt, dann die 21 Apostelbriefe (oder Episteln) des Paulus und anderer Autoren und schließlich die apokalyptische Vision der Offenbarung.

Obwohl von verschiedenen Autoren und für unterschiedliche Zielgruppen geschrieben, stimmen in den vier Evangelien (griech. *eu-angélion*) die wichtigsten Ereignisse im Leben Jesu im Wesentlichen überein. Matthäus und Johannes kannten Jesus angeblich persönlich, während Markus und Lukas eng mit den Aposteln verbunden waren; alle Bücher wurden innerhalb von 70 Jahren nach der Kreuzigung Christi geschrieben. Die Episteln wurden andererseits von Aposteln an ihre Schüler (Gemeinden) geschrieben und sollten mit Ausnahme der an die Römer und an die Hebräer keine Bestandteile der christlichen Lehre darstellen. Als solche sind sie eher im Gesprächston verfasst und klingen manchmal wie Antworten auf von Schülern gestellte Fragen.

Wichtige Abschnitte (wie Johannes 3,16) wurden in 3000 Sprachen übersetzt, während die Bibel selbst in 400 Sprachen verfügbar ist. Trotz seiner so unterschiedlichen Herkunft ist das Buch für gläubige Christen göttlich inspiriert und das Werk eines einzigen Autors: Gott.

ca. 450 v. Chr.
Erstellung der Hebräischen Bibel (*Tanach*)

ca. 250 v. Chr.
Griechische Übersetzung der Hebräischen Bibel

ca. 200
Lateinische Übersetzung des Neuen Testaments

1456
Gutenberg-Bibel, erste gedruckte lateinische Ausgabe

1466
Mentelin-Bibel, erste vollständige Übersetzung ins Deutsche, erste volkssprachliche Bibel überhaupt

1522–1534
Vollständige Übersetzung durch Martin Luther aus dem Urtext

1558
Genfer-Bibel führt Versnummern ein

1972/1980
Einheitsübersetzung für die deutschsprachigen römisch-katholischen Bistümer

Die Bibel ist das heilige Buch des Christentums und besteht aus dem Alten und dem Neuen Testament

LUTHERISCHE KIRCHE

30 Sekunden Religion

3-SEKUNDEN-PREDIGT
Ein Zweig des Protestantis-
mus, der durch den Refor-
mator Martin Luther inspiriert wurde, basiert auf der
Vorstellung, Gnade allein
aus dem Glauben heraus zu
finden.

3-MINUTEN-THEOLOGIE
Luther lehnte das, was er
im Katholizismus als Hei-
ligenkult erlebte, ab und
bekräftigte, dass Christen
allein durch die Mittler-
schaft Christi zum Heil gelangen könnten. So ver-
ehren Lutheraner Heilige
nicht als Fürsprecher, sondern als Vorbilder eines
reinen Glaubens und als
Beispiele göttlicher Barmherzigkeit. In ähnlicher
Weise bitten viele Lutheraner die Jungfrau Maria um
Fürsprache, damit Gott ihre
Bitte erhöre, unterstrei-
chen aber, dass es allein
Gottes Werk sei.

Martin Luther, Priester und Theo-
loge in Wittenberg, protestierte 1517 gegen die
Praxis der katholischen Kirche, Ablässe zum
Nachlass von Sünden zu verkaufen. Nur Gott
könne Sünden vergeben. Wegen der weit verbreiteten Unzufriedenheit mit der Kirche und
dank der kurz zuvor erfundenen Druckerpresse
verbreiteten sich Luthers Forderungen schnell
und führten zu den religiösen und politischen
Umwälzungen der Reformation. Luthers Vorstellung, Gottes Gnade allein durch den Glauben zu
erlangen, weist alle menschlichen Versuche einer
Gnadenwirkung als abgöttisches Werk der Sünde zurück; stattdessen setzen Lutheraner ausschließlich auf das Wirken Gottes durch Jesus
Christus als einzigen Mittler der Erlösung. Luther
leitete dies aus seinem Studium der Bibel ab, die
er aus dem Lateinischen ins Deutsche übersetz-
te und die seitdem Glaube und religiöse Praxis
der Lutheraner bestimmt. Sie betonen die Bedeutung des persönlichen Glaubens, wobei die
als Pietisten (von »Pietät«) bekannte Anhänger
die emotionalen und subjektiven Elemente des
Glaubens besonders betonen. Auch wenn im re-
formierten Gottesdienst die Eucharistie nach wie
vor im Zentrum steht, kommt der Schriftlesung
und der integrativen Teilnahme, vor allem im gemeinsamen Singen, eine bedeutende Rolle zu.

VERWANDTE RELIGIONEN
ABRAHAMITISCHE RELIGIONEN
Seite 56–77
ABENDLÄNDISCHES CHRISTEN-
TUM
Seite 78–97
CHRISTENTUM WELTWEIT
Seite 98–115

3-SEKUNDEN-BIOGRAFIEN
JESUS VON NAZARETH
ca. 5 v. Chr. – ca. 30

MARTIN LUTHER
1483–1546

30-SEKUNDEN-TEXT
Russell Re Manning

*Luthers Thesen-
anschlag in Witten-
berg, der die Praxis
des Ablasses in Frage
stellte, wird allgemein
als Beginn der Refor-
mation angesehen.*

CALVINISMUS

30 Sekunden Religion

Johannes Calvin war ein protestantischer Denker, der die von Martin Luther begonnene Reform des Christentums weiterentwickelte. Heute teilen mehr als 75 Millionen reformierte Christen sein theologisches Denken. Der Calvinismus lehrt die absolute Souveränität Gottes und die völlige Verdorbenheit der Menschheit (Erbsünde). Als Folge des Sündenfalls (Adam und Eva hielten Gottes Gebot nicht ein, nicht vom Baum der Erkenntnis zu essen) verfallen alle Menschen in jeder Hinsicht der Sünde und verlieren damit die Möglichkeit, ohne fremde Hilfe moralisch gut zu sein. Für Calvinisten entscheidet sich Gott, der zur Verurteilung der gesamten Menschheit berechtigt wäre, in einigen Fällen zur Gnade. Calvinisten glauben, dass diese Auserwählten nur durch Gottes freie, unwiderstehliche Gnade gerettet werden und nicht wegen irgendeiner Tugend oder Qualität, die sie besitzen. Alle anderen werden verdammt. Im Calvinismus gilt, dass nur Rituale, die im Neuen Testament genannt werden, einen Platz im christlichen Gottesdienst haben sollen (das regulative Prinzip), was zur weit verbreiteten Ablehnung aller Bilder in Kirchen und zu ihrer Ersetzung durch Texte wie die Zehn Gebote führte. In jüngerer Zeit sind Hymnen und Lieder geläufiger geworden.

3-SEKUNDEN-PREDIGT
Die fünf Punkte des Calvinismus bekräftigen den Glauben an völlige Verderbtheit, bedingungslose Erwählung, begrenzte Versöhnung, unwiderstehliche Gnade und die Beharrlichkeit der Heiligen.

3-MINUTEN-THEOLOGIE
Die Prädestination ist die calvinistische Lehre, nach der Gott die freie Wahl hat, einige Menschen zu retten, um die anderen (verdientermaßen) für ihre Sünden der ewigen Verdammnis zu überlassen. Einige Calvinisten glauben, dass Gott vor dem Sündenfall entschieden hat, wer gerettet werde, andere, dass Gott dies erst nach dem Sündenfall entschied, da das Heil logischerweise etwas erfordere, vor dem man gerettet werden kann. Die doppelte Prädestination ist der Ansicht, dass Gott entscheide, wer zu retten und wer zu verdammen sei.

VERWANDTE RELIGIONEN
ABRAHAMITISCHE RELIGIONEN
Seite 56–77
ABENDLÄNDISCHES CHRISTENTUM
Seite 78–97
CHRISTENTUM WELTWEIT
Seite 98–115

3-SEKUNDEN-BIOGRAFIEN
JESUS VON NAZARETH
ca. 5 v. Chr. – ca. 30

JOHANNES CALVIN
1509–1564

30-SEKUNDEN-TEXT
Russell Re Manning

Für Calvinisten ist Gottes alleinige Herrschaft unbestreitbar, und nur durch seine Gnade und Barmherzigkeit werden die Erwählten gerettet.

ANGLIKANISMUS

30 Sekunden Religion

1521 wurde Englands König Hein-
rich VIII. für seine Streitschrift, in der er Martin
Luther Ketzerei vorgeworfen hatte, von Leo X.
der Titel »Verteidiger des Glaubens« (*fidei defensor*) verliehen. Dreizehn Jahre später erklärte das Parlament den exkommunizierten Heinrich zum alleinigen Oberhaupt der Kirche von
England. Die ungewöhnlichen historischen Ursprünge der Kirche von England – der Wunsch
nach religiöser Erneuerung einerseits, königliche
Liebesgeschichten und realpolitische Interessen andererseits – waren für den Anglikanismus
(Episkopalismus) als protestantische Tradition
entscheidend. Die Kirche besteht aus 44 Landeskirchen, darunter der Episkopalkirche der USA,
und ist dem Erzbischof von Canterbury unterstellt, der als *primus inter pares* (Erster unter
Gleichen) gilt. Innerhalb der anglikanischen Gemeinschaft gibt es eine Vielzahl von Überzeugungen und Praktiken. Für evangelikale Anglikaner ist die reformierte Sicht der Bibel zentral; für
Anglo-Katholiken liegt der Fokus eher auf der Liturgie und der Kontinuität mit ihrer vorreformatorischen Geschichte. Richard Hookers Darstellung des sogenannten »dreibeinigen Schemels«
des anglikanischen Glaubens – im Wesentlichen
abgeleitet von den heiligen Schriften, durch Vernunft mitgeteilt und durch Tradition gestützt –
war für das Verständnis der anglikanischen Autorität wichtig.

3-SEKUNDEN-PREDIGT
Religiöse Überzeugung
einer weltweiten Vereinigung von Glaubensgemeinschaften, die sich auf die
nachreformatorische Kirche von England berufen.

3-MINUTEN-THEOLOGIE
Wie in vielen christlichen
Kirchen ist der Status der
Frauen in der anglikanischen Gemeinschaft umstritten. Die meisten anglikanischen Landeskirchen
weihen Frauen zu Priesterrinnen, und einige Kirchen erlauben die Weihe
von Frauen zu Bischöfinnen. Für viele ist dies eine
Frage der Gleichheit vor
Gott; für andere ist die
Mehrdeutigkeit der biblischen Sicht von entscheidender Bedeutung. Galater
3,24 etwa sagt, das Geschlecht sei im Christentum
überholt, während der 1. Timotheusbrief Frauen den
Männern unterordnet und
fordert, sie hätten im Gottesdienst zu schweigen.

VERWANDTE RELIGIONEN
ORTHODOXES JUDENTUM
Seite 60
ABENDLÄNDISCHES CHRISTENTUM
Seite 78–97
CHRISTENTUM WELTWEIT
Seite 98–115

3-SEKUNDEN-BIOGRAFIEN
JESUS VON NAZARETH
ca. 5 v. Chr. – ca. 30

HEINRICH VIII.
1491–1547

RICHARD HOOKER
1554–1600

ROWAN WILLIAMS
1950–

30-SEKUNDEN-TEXT
Russell Re Manning

*Die 44 regionalen und
nationalen Landeskirchen bekräftigen
ihren Glauben im Bund
der Anglikanischen
Gemeinschaft.*

METHODISMUS

30 Sekunden Religion

3-SEKUNDEN-PREDIGT
Eine Erweckungsbewegung, die innerhalb des Anglikanismus die Notwendigkeit zur persönlichen Frömmigkeit und zu guten Taten als Antwort auf die Gnade Gottes betont.

3-MINUTEN-THEOLOGIE
Methodisten waren im Amerika der 1730er- und 1740er-Jahre Leitfiguren der sogenannten Ersten Großen Erweckung. Diese religiöse Bewegung hatte mit ihrer Skepsis gegenüber etablierten religiösen Traditionen großen Einfluss auf den Glauben in Amerika und betonte die Bedeutung des persönlichen Glaubens und eigener guter Taten. Der berühmteste methodistische Wanderprediger war George Whitefield, dessen begeisternde Predigten große Menschenmengen anzogen und zu Massenkonvertierungen führten.

Die Methodisten wurden nach den gewohnheitsmäßigen Methoden einer Studentengruppe benannt, die sich in den 1730er-Jahren in Oxford mit dem Ziel der sittlichen Vervollkommnung traf. Zu ihren Tätigkeiten gehören regelmäßige Treffen und Fasten, Enthaltsamkeit von Unterhaltung und Luxus sowie das Engagement für Arme. Der aus den Lehren der anglikanischen Priester John Wesley und seines Bruders Charles Wesley entwickelte Methodismus ist durch die Betonung der spirituellen Transformation des Individuums durch eingehendes Studium der christlichen Schriften und durch konkrete Maßnahmen zur Förderung der sozialen Wohlfahrt und Gerechtigkeit gekennzeichnet. Prominente Antisklaverei-Aktivisten waren genauso Methodisten wie viele aktive Befürworter der Abstinenzbewegung; sie bemühten sich, ihre Botschaft im Ausland durch umfangreiche missionarische Tätigkeit zu verbreiten. Das Interesse der Methodisten am sozialen Bereich spiegelt sich in ihrer Praxis auch in der Verkündung außerhalb der Kirchen wider, wenn sie das Evangelium zu den »Kirchenfernen« auf Marktplätze und in Gefängnisse bringen. Methodistische Kirchen feiern am ersten Sonntag des Jahres oft einen besonderen Gottesdienst, in dem die Gläubigen ihre Bezogenheit auf Gott und ihre Bereitschaft zum Dienst bekräftigen.

VERWANDTE RELIGIONEN
ORTHODOXES JUDENTUM
Seite 60

ABENDLÄNDISCHES CHRISTENTUM
Seite 78–97

CHRISTENTUM WELTWEIT
Seite 98–115

3-SEKUNDEN-BIOGRAFIEN
JESUS VON NAZARETH
ca. 5 v. Chr. – ca. 30

JOHN WESLEY
1703–1791

CHARLES WESLEY
1707–1788

30-SEKUNDEN-TEXT
Russell Re Manning

Moralität und soziale Hilfe sind für die methodistische Praxis von zentraler Bedeutung. John Wesley, der Gründer der Methodisten, war ein aktiver Kämpfer gegen die Sklaverei und ermutigte zum Verzicht auf Alkohol.

QUÄKERTUM

30 Sekunden Religion

Der christliche Abweichler George

Fox, 1650 wegen Gotteslästerung vor Gericht, ermahnte den Richter, »beim Wort des Herrn zu erzittern«. Der Richter befand Fox für schuldig, schickte ihn ins Gefängnis und verspottete ihn als Quäker – ein Name, der bald von nonkonformistischen Christen der Erweckungsbewegung übernommen wurde, die auch als »Kinder des Lichts«, »Freunde der Wahrheit« oder »Gesellschaft der Freunde« bekannt sind. Quäker glauben, dass das direkte Erleben Gottes durch Christus ohne Vermittlung von Geistlichen jedem Menschen möglich ist und Gott bei allen Menschen durch »das innere Licht« auch ohne religiöse Sakramente immer anwesend ist. Obwohl die meisten Quäker regelmäßig Gottesdienste durchführen, sind diese als Versammlungen bekannt und oft ohne »Programm«, also ohne einen Leiter oder vorgegebene Struktur. Manchmal ergreifen Betende das Wort, wenn sie spüren, vom Heiligen Geist geführt zu werden, aber häufig findet die gesamte Versammlung in aller Stille statt, weil die Gläubigen sich einfach versammeln, um erwartungsvoll in der Gegenwart Gottes und ihrer Mitmenschen zu warten. Für die meisten Quäker ist es wichtig, ihren Glauben in ihren alltäglichen Handlungen zu bezeugen, um die Werte von Frieden, Gleichheit, Einfachheit und Wahrheit verinnerlichen zu können.

3-SEKUNDEN-PREDIGT
Eine christliche Gegenbewegung, die die religiöse Hierarchie und die entsprechenden Institutionen zugunsten einer unvermittelten Erfahrung Gottes ablehnt.

3-MINUTEN-THEOLOGIE
Quäker haben sich verpflichtet, den Frieden zu fördern, und lehnen jede Form von Gewalt und bewaffnetem Konflikt ab. Sie leiten ihren Pazifismus vom Gebot Jesu – Liebe deine Feinde – und ihrem Glauben an das innere Licht Gottes ab. Quäker verweigern aus Gewissensgründen den Wehrdienst, und viele lehnen es ab, jenen Teil ihrer Steuern zu zahlen, der für Waffen ausgegeben werden soll. 1947 wurde die »Gesellschaft der Freunde« mit dem Friedensnobelpreis ausgezeichnet.

VERWANDTE RELIGIONEN
ORTHODOXES JUDENTUM
Seite 60
ABENDLÄNDISCHES CHRISTENTUM
Seite 78–97
CHRISTENTUM WELTWEIT
Seite 98–115

3-SEKUNDEN-BIOGRAFIEN
JESUS VON NAZARETH
ca. 5 v. Chr. – ca. 30
GEORGE FOX
1624–1691

30-SEKUNDEN-TEXT
Russell Re Manning

Quäker glauben, dass in jedem das innere Licht Gottes leuchte, sodass alle Menschen, ob Mann oder Frau, gleichberechtigt sind.

CHRISTENTUM WELTWEIT

Auferstehung Wiederkehr eines Toten ins Leben. Nach christlicher Überzeugung kehrte Christus am dritten Tage nach seinem Tod ins Leben zurück. Die Auferstehung ist die zentrale Lehre des christlichen Glaubens, die für alle Gläubigen die Möglichkeit einer Erlösung nach dem Tod aufzeigt. Tatsächlich heißt es in einem Brief des Apostel Paulus: »Ist aber Christus nicht auferweckt worden, dann ist unsere Verkündigung leer und euer Glaube sinnlos« (1 Kor 15,14).

Buße Bedauern über vergangene Verfehlungen und das Versprechen, sein Verhalten in der Zukunft zu ändern. Im religiösen Kontext bedeutet dies in der Regel, Reue zu zeigen, den Glaubensregeln nicht gehorcht zu haben, und zu bekräftigen, ihnen wieder zu folgen.

Dreifaltigkeit Vorstellung, dass Gott in drei Personen existiert, nämlich im Vater, im Sohn und im Heiligen Geist, die ihrem Wesen nach eins sind. Dies ist eine zentrale Lehre des christlichen Glaubens, obwohl die genaue Umschreibung umstritten ist und 1054 einer der Gründe für die Abspaltung der griechisch-orthodoxen von der römisch-katholischen Kirche war.

Parusie Vorstellung, dass Christus wieder am Himmel erscheinen wird, um alle wahrhaft Gläubigen zu erlösen. Es besteht eine gewisse Uneinigkeit darüber, wann dies geschehen wird; einige glauben, dass dies bereits bei der Zerstorung Jerusalems im Jahr 70 geschehen ist, wie sie in Matthäus 24 vorhergesagt wird.

Geistlicher Kampf Glaube, dass Gottes Wille ständig von Kräften des Bösen infrage gestellt wird. Dies kann vielfältig geschehen – von der Vereitelung religiöser Handlungen bis hin zu Menschen, die vom Teufel besessen sind. Mehrere evangelikale Kirchen stellen diese Vorstellung in den Vordergrund und versuchen auf unterschiedliche Weise, die Betroffenen von Dämonen zu befreien.

Gläubigentaufe Taufe eines Menschen, der seinen Glauben an die christliche Religion bekannt hat. Sie steht im Gegensatz zur Kindertaufe, bei der ein Bekenntnis des Glaubens nicht erforderlich ist. Einige christliche Kirchen glauben, dass nur die Taufe mündiger Erwachsener gültig ist. Oft ist das vollständige Eintauchen ins Wasser als Teil der Zeremonie nötig.

Kindertaufe Taufe von Kindern, bei der ein Bekenntnis des Glaubens im Gegensatz zur Gläubigentaufe (Erwachsenentaufe) nicht erforderlich ist.

Millenarismus (auch Chiliasmus) Glaube an eine unmittelbar bevorstehende Apokalypse. Dies wird oft mit dem Glauben verbunden, die Welt werde von korrupten oder bösen Kräften regiert, die gestürzt werden müssten, um dem wahren Glauben zum Sieg zu verhelfen. Millenaristen sind Christen, die ein zweites Erscheinen Christi erwarten.

Mönchtum Lebensform, die sich der menschlichen Gesellschaft versagt und sich einem Leben der geistigen Reifung und des Gebets widmet (griech. *monos* – allein). Viele Religionen kennen starke klösterliche Traditionen, darunter Christentum, Buddhismus und Hinduismus.

Pfingsten Christliches Fest, das die Herabkunft des Heiligen Geistes zu den Jüngern Christi 50 Tage nach dessen Tod feiert (griech. *pentekostis* – 50 Tage). Wie die Bibel berichtet, begannen die Jünger nach Empfang des Heiligen Geistes »in fremden Zungen« zu sprechen, sodass sie jeder der Anwesenden in seiner Sprache verstehen konnte. Pfingsten gilt als Gründungsmoment der christlichen Kirche.

Sabbat Tag der Ruhe und Anbetung in den jüdisch-christlichen Religionen. Nach der Genesis schuf Gott die Welt in sechs Tagen und ruhte am siebten. Allerdings ist man sich uneins, welcher Tag es war – die meisten Juden feiern den Sabbat am Samstag, die meisten Christen hingegen am Sonntag.

Taufe Zeremonie, bei der eine Person als Zeichen ihrer Aufnahme in die christliche Glaubensgemeinschaft in Wasser getaucht oder mit Wasser übergossen wird. Diese symbolisiert die Reinigung der Seele. Die meisten christlichen Kirchen drängen auf die Taufe von Kindern und verlangen nicht ausdrücklich die Erwachsenentaufe.

Zungenrede Unverständliche Sprache, meist in Trance und – je nach religiöser Gruppe – von übernatürlichen Kräften verursacht; auch als Glossolalie bekannt.

KOPTISCHE KIRCHE

30 Sekunden Religion

Anatolius, Patriarch von Konstan-

tinopel, berief 451 das Konzil von Chalcedon ein, um den theologischen Streit über die Natur Jesu Christi beizulegen. Das Konzil bekräftigte Jesus als wahren Mensch und wahren Gott – zwei Naturen in einer Person. Nicht alle stimmten den ostorthodoxen Bischöfen zu, die stattdessen glaubten, Jesus habe nur eine Natur, eine Wesenheit aus Mensch und Gott. Der Unterschied mag marginal erscheinen, aber er genügte, um für die erste große Spaltung der Christenheit zu sorgen; die Koptische Kirche war Ergebnis dieser Spaltung. Schon vor dem Konzil hatte das Christentum in Ägypten eine eigene Form angenommen, die die lokale koptische Sprache anstatt des Griechischen oder Lateinischen verwendete und das Eremitentum von Mönchen einführte. Die Schriften dieser Wüstenväter, vor allem ihre Predigten, hatten großen Einfluss auf die koptische Spiritualität, besonders den *Hesychasmus* (griech. für Stille), der für die innere Ruhe und das ständige Gebet wirbt. Die Kopten verwenden einen liturgischen Kalender, der auf alten ägyptischen Traditionen basiert und 13 Monate und drei Jahreszeiten kennt: Überschwemmung, Aussaat und Ernte. Oberhaupt der koptischen Kirche ist der Papst von Alexandria (derzeit Tawadros II.) als Nachfolger des Apostels Markus, der die erste Kirche in Ägypten gründete.

3-SEKUNDEN-PREDIGT
Alte christliche Kirche in Ägypten, die aus dem Schisma des Christentums entstand und Wiege des christlichen Mönchtums ist.

3-MINUTEN-THEOLOGIE
Während das Mönchtum in religiösen Traditionen weit verbreitet ist, wird von den christlichen Klöstern angenommen, dass sie auf Gemeinschaften und Eremiten zurückzuführen sind, die in der Wüste Ägyptens dem weltlichen Leben entsagten und die Koptische Kirche mit ihrer asketischen Spiritualität inspirierten. Auf den Spuren des hl. Antonius betonen koptische Mönchstraditionen Rückzug und Enthaltung, mitunter bis zu vollkommener Isolation und völligem Schweigen, sodass sich der Mönch ganz einem Leben des Gebets und der inneren Einkehr hingeben kann.

VERWANDTE RELIGIONEN
ORTHODOXES JUDENTUM
Seite 60
ABENDLÄNDISCHES CHRISTENTUM
Seite 78–97
CHRISTENTUM WELTWEIT
Seite 98–115

3-SEKUNDEN-BIOGRAFIEN
JESUS VON NAZARETH
ca. 5 v. Chr. – c. 30
TAWADROS II. (THEODOR II.)
1952–

30-SEKUNDEN-TEXT
Russell Re Manning

Koptische Askese und Eremitentum gelten als Vorläufer des christlichen Mönchtums.

PFINGSTBEWEGUNG

30 Sekunden Religion

Die Pfingstbewegung beruft sich

auf das christliche Pfingstfest, an dem seine Jünger vom Heiligen Geist Gottes erfüllt wurden und »in fremden Sprachen« redeten (Äußerungen, die als unbekannte oder göttliche Sprache gedeutet wurden). Die frühe Kirche interpretierte dies zwar als Zeichen der Gegenwart Gottes, sah dieses Phänomen aber als ein mit dem Tod der ersten Jünger abgeschlossenes Ereignis an. Anfang des 20. Jahrhunderts erlebten nordamerikanische Christen, was sie als Empfangen des Heiligen Geistes betrachteten und was sie wieder mit Zungenreden beschrieben. Am einflussreichsten war 1906 die Azusa-Street-Erweckung in Los Angeles, die von dem afroamerikanischen Prediger William Joseph Seymour angeführt wurde und sich durch die Überwindung der Rassentrennung auszeichnete. Ihre Anhänger vereinten sich in der Erfahrung des Heiligen Geistes und lehnten zunächst jede Form von Hierarchie, Priestertum oder Privilegien ab. Pfingstler verwenden bis heute die Zungenrede, und einige betrachten dies als ein Zeichen ihres christlichen Seelenheils. Andere sehen darin ihre zweite Taufe (Geistestaufe) als Bestätigung dafür, vollwertiges Mitglied des Volkes Gottes zu sein. Die Pfingstbewegung ist die am schnellsten wachsende Konfession des Christentums, der mehr als ein Viertel aller Christen angehören.

3-SEKUNDEN-PREDIGT
Christliche Konfession, die an die Gegenwart geistlicher Gaben durch den Heiligen Geist glaubt.

3-MINUTEN-THEOLOGIE
Einige Pfingstler glauben an einen geistigen Kampf zwischen den mit der Kraft Gottes ausgestatteten Christen und bösen Mächten. Dies drückt sich in Gebeten für diejenigen aus, die als von Dämonen besessen gelten und geheilt werden sollen. Darin zeigt sich eine gewisse restaurative Dimension: Pfingstler betrachten sich als Wiederhersteller der Kirche in ihrer ursprünglichen Form, als Christen Dämonen vertrieben und die Kranken heilten, ganz nach dem Beispiel Jesu.

VERWANDTE RELIGIONEN
LUTHERTUM
Seite 88
BAPTISTEN
Seite 110

3-SEKUNDEN-BIOGRAFIE
WILLIAM J. SEYMOUR
1870–1922

30-SEKUNDEN-TEXT
Mathew Guest

Pfingstler glauben fest an das Wirken des Heiligen Geistes, der den Gesegneten die Gabe der Zungenrede verleiht.

MORMONENTUM

30 Sekunden Religion

Die Kirche Jesu Christi der Heiligen der Letzten Tage wurde 1830 von Joseph Smith in Fayette, New York, gegründet. Die Mormonen glauben, dass Smith religiöse Visionen hatte, in denen er Autorität und konkrete Anweisungen erhielt, die christliche Kirche zu erneuern. Von zentraler Bedeutung dafür war die Ausgrabung und Übersetzung eines heiligen Buches, das, auf Goldplatten geschrieben, die Geschichte Gottes und seines Umgangs mit den alten Völkern Amerikas erzählte und das von dem altamerikanischen Propheten Mormon zusammengestellt worden war. Die Mormonen verwenden dieses Buch neben der Bibel (in der authorisierten King-James-Version) für Religionsunterricht und Studien und glauben an die Erfüllung von Prophezeiungen: Lebende Propheten sind von Gott auserwählt, um als Mittler Offenbarungen zu verbreiten. Nach den die Mormonen können alle Menschen göttlich inspiriert sein, in der Praxis aber richtet sich Gott an leitende Kirchenvertreter. Für die Mormonen ist Jesus der erstgeborene Sohn Gottes und der einzig vollkommene Mensch. Im Gegensatz zu anderen Christen glauben sie nicht an die Erbsünde, sondern erklären, dass der Einzelne durch falsches Handeln sündige. Nur durch die Gnade Gottes lässt sich das Vorbild Christi nachleben, sodass das Seelenheil und ein ewiges Leben bei Gott möglich ist.

3-SEKUNDEN-PREDIGT
Die Kirche Jesu Christi der Heiligen der Letzten Tage will das Christentum mit neuen Offenbarungen von Gottes Handeln und Gottes Natur wiederherstellen.

3-MINUTEN-THEOLOGIE
Im Gegensatz zu vielen Christen glauben die Mormonen nicht, dass Gott das Universum aus dem Nichts erschaffen habe (*ex nihilo*), sondern es als allmächtiges und allwissendes höchstes Wesen aus bereits existierender Materie erschuf, die er richtig anordnete. Für die Mormonen besitzt Gott einen physischen Körper (wenn auch im Himmel verklärt), ist Jesus der erstgeborene Sohn Gottes ohne Sünde und besteht die Dreifaltigkeit aus drei verschiedenen Wesen, die in einem gemeinsamen Zweck vereint sind.

VERWANDTE RELIGIONEN
ORTHODOXES JUDENTUM
Seite 60
ABENDLÄNDISCHES CHRISTENTUM
Seite 78–97
CHRISTENTUM WELTWEIT
Seite 98–115

3-SEKUNDEN-BIOGRAFIEN
BRIGHAM YOUNG
1801–1877

JOSEPH SMITH
1805–1844

30-SEKUNDEN-TEXT
Russell Re Manning

Das Buch Mormon, das von Joseph Smith von goldenen Platten übersetzt wurde, bildet die Grundlage der mormonischen Lehre und wird als der verbindlichste Text betrachtet.

ZEUGEN JEHOVAS

30 Sekunden Religion

Als heute größte und bekanntes-te Gemeinschaft innerhalb der christlichen, chiliastisch ausgerichteten und restaurativen Konfessionen, die aus der Bibelforscherbewegung des späten 19. Jahrhunderts entstanden, wurden die Zeugen Jehovas von Charles Taze Russell gegründet. Durch fortwährendes Predigen und die Zeitschrift *Der Wachtturm* kritisierte Russell viele der bestehenden christlichen Lehren und verkündete das zweite, unmittelbar bevorstehende Erscheinen Christi. Durch teils wörtliche, teils symbolische Deutung der Bibel glauben die Zeugen Jehovas an Russells Voraussage einer bevorstehenden Apokalypse (und des kosmischen Kampfes zwischen den Kräften des Himmels und des Satans) und der Entrückung aller wahren Gläubigen (Aufnahme in den Himmel). Die Zeugen Jehovas interpretieren politische Ereignisse und den Klimawandel als Beweis für das Ende der Welt. Im Gegensatz zu vielen Christen glauben die Zeugen Jehovas nicht an die Heilige Dreifaltigkeit, sondern daran, dass Gott (oder »Jehova« nach dem ursprünglichen biblischen Namen, dem Tetragramm JHWH) der Weltenherrscher, Jesus seine einzige unmittelbare Schöpfung und der Heilige Geist sein Wirken in der Welt ist. Satan ist für sie ein gefallener Engel, der mit seinen Dämonen die Menschen verführt sowie Böses und menschliches Leid erzeugt.

3-SEKUNDEN-PREDIGT
Die letzten Tage begannen 1914: Die Zerstörung der Welt steht ebenso bevor wie die Befreiung derer, die Jehova anbeten.

3-MINUTEN-THEOLOGIE
Evangelisierung ist für die Zeugen Jehovas von zentraler Bedeutung, besonders durch ihre Hausbesuche. Die Kommentare des *Wachtturms* und anderer Lehrmaterialien sind weit verbreitet; einige Texte sind in mehr als 500 verschiedenen Sprachen erschienen. Die Zeugen Jehovas verwenden und verteilen eine neue Übersetzung der Bibel, die *Neue-Welt-Übersetzung der Heiligen Schrift*, von der mehr als 165 Millionen Exemplare in mehr als 80 Sprachen publiziert wurden.

VERWANDTE RELIGIONEN
ORTHODOXES JUDENTUM
Seite 60
ABENDLÄNDISCHES CHRISTENTUM
Seite 78–97
CHRISTENTUM WELTWEIT
Seite 98–115

3-SEKUNDEN-BIOGRAFIEN
JESUS VON NAZARETH
ca. 5 v. Chr. – ca. 30

CHARLES TAZE RUSSELL
1852–1916

30-SEKUNDEN-TEXT
Russell Re Manning

Die Zeugen Jehovas glauben an Russells Vorhersage, dass das Harmagedon die Erde reinigen wird und Gott ein Paradies schaffen wird, das von Jesus Christus und 144 000 der Gesalbten regiert wird.

BAPTISTEN

30 Sekunden Religion

3-SEKUNDEN-PREDIGT

Die Taufe von erwachsenen Gläubigen ist ein äußeres Zeichen der Reue und ein Bekenntnis zum Glauben an Jesus Christus als den Sohn Gottes.

3-MINUTEN-THEOLOGIE

Baptisten vertreten die Auffassung, dass der religiöse Glaube eine Frage der persönlichen Beziehung zwischen Gott und den Gläubigen ist. Ihre Unterstützung der Religionsfreiheit bedeutet, dass jeder Einzelne irgendeine oder auch keine Religion ausüben kann. Historisch gesehen waren Baptisten vor allem in den USA begeisterte Anhänger der Trennung von Staat und Kirche. Natürlich haben Baptisten die evangelikale Hoffnung, dass sich jeder zu einem christlichen Glauben bekenne; sie sind aber überzeugt, dass dies aus freier Entscheidung geschehen müsse.

Die Baptisten, ein Sammelbegriff für diverse christliche Konfessionen, führen ihren Namen auf die Praxis der Erwachsenentaufe zurück. Anders als die meisten Christen, die Säuglinge oder Kleinkinder durch die Taufe in ihre Gemeinschaft aufnehmen (Kindertaufe), bestehen Baptisten darauf, dass sich der einzelne Gläubige frei und öffentlich in einer Zeremonie der Erwachsenentaufe (Gläubigentaufe) zum Glauben bekennt. Dabei wird der Gläubige oft vollständig unter Wasser getaucht, wodurch er in den Augen der Kirche als in Christus wiedergeboren betrachtet wird. Baptistische Kirchen entstanden im frühen 17. Jahrhundert in verschiedenen protestantischen Konfessionen; bis heute gibt es zwar keine zentrale baptistische Autorität, aber zwei herausragende Vereinigungen: den *Baptistischen Weltbund* (BWA) und die *Südlichen Baptisten in den USA* (SBC). 2004 trat der SBC, mit über 16 Millionen Mitgliedern die größte protestantische Konfession in den USA, aus Angst vor einem Abdriften in den theologischen Liberalismus aus dem BWA aus. Grundsätzlich evangelikal, berufen sich Baptisten ausdrücklich auf das Neue Testament als Grundlage ihres Glaubens. Auch wenn sie die Bibel nicht immer wörtlich auslegen, so bestehen sie doch darauf, dass Glaube und Glaubenspraxis in der Bibel vorgeschrieben sind.

VERWANDTE RELIGIONEN
ORTHODOXES JUDENTUM
Seite 60
ABENDLÄNDISCHES CHRISTENTUM
Seite 78–97
CHRISTENTUM WELTWEIT
Seite 98–115

3-SEKUNDEN-BIOGRAFIEN
JESUS VON NAZARETH
ca. 5 v. Chr. – ca. 30
JOHN SMYTH
ca. 1570 – ca. 1612
THOMAS HELWYS
ca. 1575 – ca. 1616
ROGER WILLIAMS
ca. 1603–1683

30-SEKUNDEN-TEXT
Russell Re Manning

Für Baptisten können sich nur Erwachsene zum wahren Glauben an Jesus Christus bekennen und ihre Sünden bereuen.

SIEBENTEN-TAGS-ADVENTISTEN

30 Sekunden Religion

VERWANDTE RELIGIONEN
ABENDLÄNDISCHES CHRISTEN-TUM
Seite 78–97
CHRISTENTUM WELTWEIT
Seite 98–115

3-SEKUNDEN-PREDIGT

Eine christliche Gemeinschaft, die den Ruhetag am Samstag feiert und sich auf die nahe Rückkehr Jesu Christi vorbereitet.

3-MINUTEN-THEOLOGIE

Die Siebenten-Tags-Adventisten glauben an das sogenannte *Investigative Judgment*. Darunter wird allgemein eine Interpretation von Dn 7,10 und Offb 20,12 verstanden, die die Öffnung des Buches des Lebens beschreibt, in dem alle Taten der Menschheit aufgezeichnet sind. Nach diesen Visionen wirft Satan den Gläubigen Verfehlung und Ungläubigkeit vor, während Jesus als Anwalt fungiert, dessen versöhnendes Opfer hilft, die Sünden der Gläubigen zu tilgen. Diejenigen, deren Namen übrig bleiben, werden mit endgültiger Vernichtung bestraft.

Formal wurde die Kirche der Siebenten-Tags-Adventisten 1863 gegründet; sie ist die größte und bedeutendste christliche Kirche, die aus der adventistischen Bewegung der 1840er-Jahre hervorging und die bevorstehende Wiederkunft Christi voraussagte. Erfüllte sich dies nicht (die »große Enttäuschung«), wurden die Prognosen neu interpretiert, um darauf hinzuweisen, dass Christus das Allerheiligste des Himmels betreten und das göttliche Gericht begonnen habe. Die Siebenten-Tags-Adventisten glauben, die Bibel gebiete den Christen, den Sabbat zu feiern, also den Samstag (und nicht den Sonntag) als Tag der Ruhe und des Gebets zu bewahren. Keine weltliche Arbeit darf geleistet werden; stattdessen besteht der Tag aus Gebet, gemeinnütziger Arbeit und familiären Aktivitäten. Auch weltliche Freizeitaktivitäten wie Sport sollen vermieden werden. Beeinflusst durch die Schriften von Ellen G. White legen Adventisten großen Wert auf ein Verhalten, das von sexueller Abstinenz und einer strengen Diät bis zur konservativen Haltung gegenüber Kleidung und Freizeitaktivitäten reicht. Von Ausnahmen abgesehen, scheint der einfache Lebensstil der Adventisten gut für die Gesundheit zu sein: Eine neuere Studie behauptet, dass männliche Adventisten in Kalifornien 7,3 Jahre länger leben als ihre nichtadventistischen Nachbarn!

3-SEKUNDEN-BIOGRAFIEN

JESUS VON NAZARETH
ca. 5 v. Chr. – ca. 30

WILLIAM MILLER
1782–1849

ELLEN G. WHITE
1827–1915

JOHN HARVEY KELLOGG
1852–1943

30-SEKUNDEN-TEXT

Russell Re Manning

Ein gesunder Körper und eine gesunde Seele – Adventisten betonen die Abstinenz von Alkohol, Tabak und häufig auch Fleisch.

CHRISTLICHE WISSENSCHAFT

30 Sekunden Religion

1875 veröffentlichte Mary Baker Eddy ein Buch mit dem Titel *Wissenschaft und Gesundheit mit Schlüssel zur Heiligen Schrift.* Eddy, die seit vielen Jahren anhaltende gesundheitliche Probleme hatte, erzählt darin, wie sie sich 1866 unerwartet von einem schweren Sturz erholt und die neue Religion der Christlichen Wissenschaft gegründet hatte. 1879 wurde die »Erste Kirche Christi, Wissenschaftler« in Boston, Massachusetts, gegründet. Von zentraler Bedeutung für die Christliche Wissenschaft ist der Glaube, dass das Gebet zur Heilung führen kann und in den meisten Fällen einer konventionellen medizinischen Behandlung vorgezogen werden sollte. Aber nicht etwa, weil von Gott angenommen wird, dass er sich durch Wunder in die Welt einmische. Stattdessen glauben Christliche Wissenschaftler, dass die materielle Welt ein verfremdetes Bild der wahren Welt sei – eine Welt der spirituellen Ideen. Das Gebet erlaube eine unverfälschte Sicht der spirituellen Wirklichkeit. Krankheit wird als falsche Sichtweise eines materiellen Problems in der Realität begriffen; Heilung ist also die Beseitigung dieses Fehlers durch die Erkenntnis, dass das Problem nur eine Illusion ist. Christliche Wissenschaftler betrachten Jesus Christus als »Wegweiser« und seine Wunder als Beispiele seines geistigen Verständnisses, das der ganzen Menschheit offensteht.

3-SEKUNDEN-PREDIGT
Die reale Welt ist die unsterbliche Wirklichkeit der geistigen Ideen; erkennst du dies, wirst du geheilt.

3-MINUTEN-THEOLOGIE
Für Christliche Wissenschaftler ist die Beziehung zwischen Glauben und Naturwissenschaft einfach. Die Naturwissenschaften beschreiben die irreale Welt des Materiellen und sind als solche illusorisch; stattdessen führt die Christliche Wissenschaft zum Verständnis der wirklich unsterblichen Welt der geistigen Ideen. Es gibt keinen realen Konflikt: Die naturwissenschaftlichen Berichte der biologischen Evolution sind ebenso falsch wie diejenigen der Kreationisten: Beide entstammen dem Glauben an die Realität der materiellen Welt.

VERWANDTE RELIGIONEN
ABENDLÄNDISCHES CHRISTENTUM
Seite 78–97
CHRISTENTUM WELTWEIT
Seite 98–115

3-SEKUNDEN-BIOGRAFIEN
JESUS VON NAZARETH
ca. 5 v. Chr. – ca. 30
MARY BAKER EDDY
1821–1910

30-SEKUNDEN-TEXT
Russell Re Manning

Gott umschließt die geistige Wirklichkeit, die wahr und gut ist. Nach Ansicht der Christlichen Wissenschaftler ist die materielle Welt, darunter das Böse, irreal und falsch.

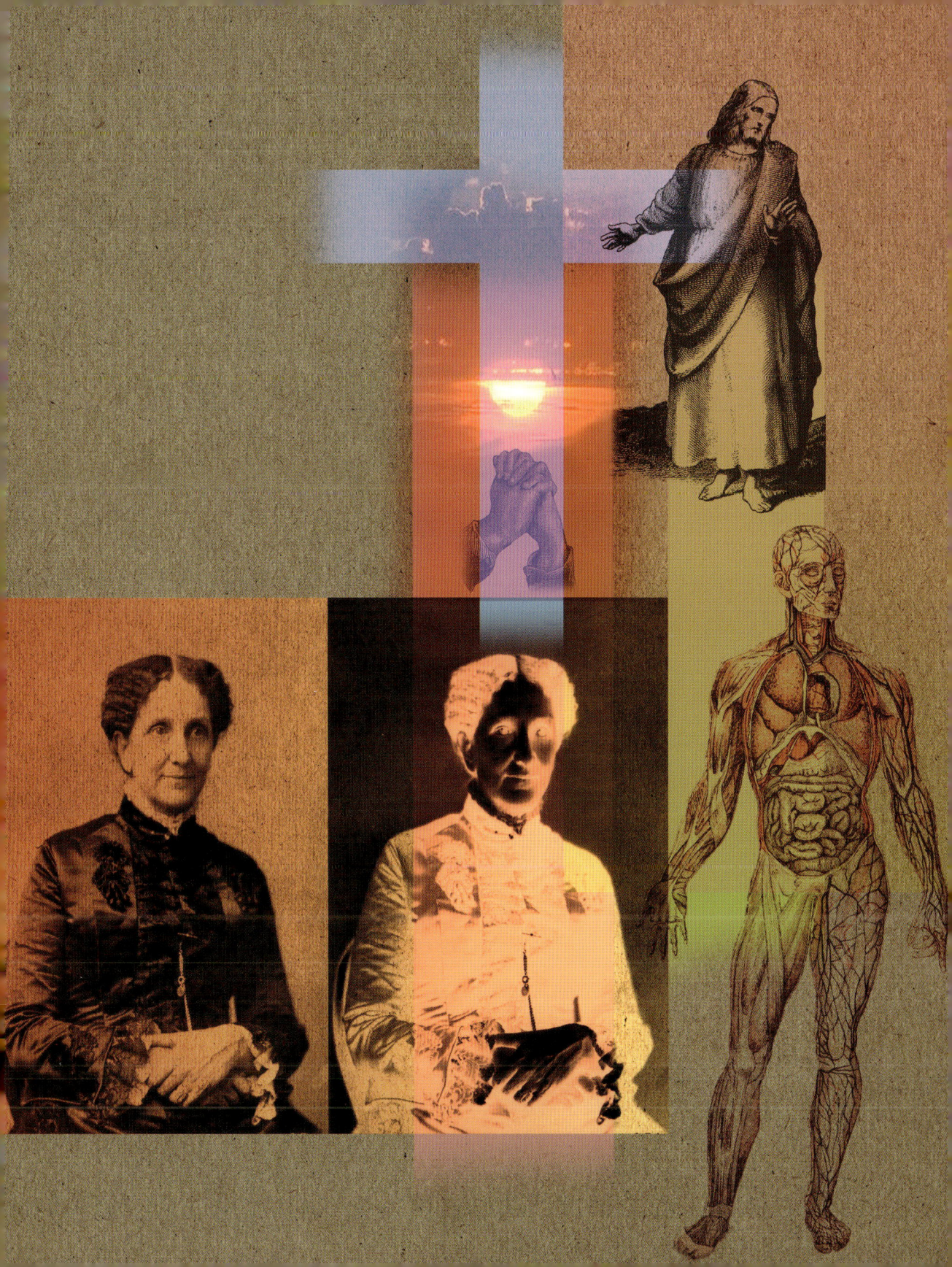

SYNKRETISMEN ◑

Bhagavad Gita Teil des Mahabharata, ca. 250 v. Chr. entstanden, in der sich Krishna gegenüber Arjuna offenbart und eine lange theologische Diskussion über die menschliche Natur und den Sinn des Lebens beginnt. Viele der zentralen Lehren des Hinduismus werden diskutiert, darunter die Auflösung des Ichs und der natürliche Pfad.

Christliche Spiritisten Menschen, die den christlichen Glauben mit spiritistischen Überzeugungen verbinden. Sie fasziniert die angebliche Möglichkeit, mit Toten Kontakt aufzunehmen. Nach rechtgläubiger christlicher Lehre dagegen ist unter Berufung auf die Bibel (Dtn 18,11 und Lk 16,19–31) der Kontakt mit Toten verboten.

Ektoplasma Substanz, die aus Körperöffnungen und -poren einer Person austritt, während sie als Medium in Trance ist. Anfangs Rauch oder Dampf, soll sie auf Licht reagieren und sich in eine stoffliche Substanz verwandeln.

Geist, Seele Nichtphysischer, metaphysischer Teil einer Person, ihre wesentliche Lebenskraft. Viele Religionen sind der Ansicht, dass es die Seele ist, die den Körper zum Leben erweckt und ihn überlebt.

Medium Eine Person, die die Geister der Toten und andere paranormale Kräfte kontaktiert und als Vermittler mit den Lebenden agiert.

Der Kontakt entsteht in der Regel, wenn das Medium in Trance fällt, sodass der Geist dessen Körper verwenden kann, um verbal oder mittels Zeichen zu kommunizieren. Die Praxis ist in bestimmten Religionen weit verbreitet, etwa im Spiritismus und im Voodoo.

Odin In der nordischen Mythologie der Hauptgott, der Himmel, Erde und die ersten Menschen Ask und Embla erschuf. Er wurde auch als Gott der Poesie und Weisheit, von Wissen, Magie, Prophezeiung, Krieg, Jagd, Sieg und Tod verehrt.

Pantheon Tempel, der wie das Pantheon in Rom den Göttern geweiht ist; zugleich ein Begriff für die Gesamtheit aller Gottheiten.

paranormal, übersinnlich Etwas, das sich normalem Verständnis oder anerkannten wissenschaftlichen Gesetzen entzieht. Typische Beispiele sind Telepathie, Wahrsagerei, Astrologie, Channeling, Geister und UFOs.

Satanisten Diejenigen, die Satan anbeten. Der Begriff wird manchmal von christlichen Fundamentalisten verwendet, um Nicht-Christen zu umschreiben. Die wirkliche Kirche Satans (Church of Satan) hat jedoch klar definierte Prinzipien, wie Wünsche zu erfüllen oder nicht die andere Wange hinzuhalten, aber auch, zu denjenigen freundlich zu sein, die es verdienen, oder keine Kinder zu schädigen.

Séance Treffen von Menschen um einen Tisch, um die Geister der Toten zu kontaktieren. Ein Medium fungiert in der Regel als Vermittler, und Nachrichten werden mittels Sprache, Schrift, Karten oder Ouijas (Hexenbretter) überbracht. Das französische Wort bedeutet »Sitzung« und bezeichnete zunächst jede Versammlung, vor allem Parlamentssitzungen.

Schamanismus Der Glaube, dass die Welt voller Geister sei, die von einem Schamanen beeinflusst werden könnten. Von ihm wird angenommen, Menschen heilen und gesellschaftliche Probleme lösen zu können, indem er mit der Geisterwelt Kontakt aufnimmt und das Gleichgewicht wiederherstellt. Der Glaube ist in Asien und bei Indianern weit verbreitet.

Schwarze Magie Lenken böser Geister und anderer paranormaler Phänomene, um Bannsprüche zu erzeugen und böse Taten zu begehen; auch der Glaube, dass dies möglich ist.

Synkretismus Die Zusammenführung verschiedener Religionen, was in der Regel eine erfolgreiche neue Verschmelzung mit sich bringt, etwa im Christlichen Spiritismus. Der Bahaismus, der Mohammed, Jesus, Moses, Buddha, Zarathustra und Abraham als Propheten akzeptiert, wird als ein weiteres Beispiel betrachtet, obwohl er seinen eigenen Propheten Baha'ullah und eigene heilige Schriften besitzt.

Tieropfer Rituelle Tötung eines Tieres, um Gottheiten zu besänftigen oder um etwas zu erbitten. Manchmal wird es als Abtöten gemeiner, tierischer Instinkte des Menschen oder einfach als Opfer von etwas Kostbarem betrachtet, um seinen Glauben zu beweisen. Viele Religionen, auch der Hinduismus, praktizieren Tieropfer; im Alten Testament werden Tieropfer oft beschrieben.

Wicca Eine heidnische oder naturnahe Religion, die angeblich ihre Wurzeln in vorchristlicher Hexerei hat. Covens (Hexenzirkel) nutzen magische Rituale, um jahreszeitliche Feste für eine Muttergöttin zu feiern. Einige beklagen sexuelle Handlungen.

Zombie Ein von übernatürlichen Kräften von den Toten erweckter Mensch. In Voodoo-Religionen kann der Begriff auch auf einen Zauber verweisen, um einen Toten wieder zum Leben zu erwecken und zu kontrollieren. Das Konzept stammt aus Westafrika und wurde in der westlichen Volkskultur durch Romane und Filme populär.

NEOPAGANISMUS

30 Sekunden Religion

Neopaganisten oder Neuheiden

sind von den alten vorchristlichen Religionen Europas inspiriert (und in geringerem Ausmaß vom Nahen Osten); es existiert eine Vielzahl von Überzeugungen und Spielarten. Griechische Neopaganisten verehren griechische Götter wie Zeus, während andere nordische Götter wie Odin anerkennen. Die bekannteste Ausrichtung ist jedoch Wicca, die die Göttin der Fruchtbarkeit und Wiedergeburt sowie ihren Gemahl, den Gehörnten Gott der Wälder, verehrt. Die Natur muss sowohl im Jahresrhythmus als auch im Lebenszyklus geachtet und gefeiert werden, und Menschen, die mit der Natur in Harmonie stehen, können Meister der Zunft werden und magische Praktiken nutzen. Allerdings werden diese selbst ernannten Hexen darauf verwiesen, Magie ausschließlich zur Heilung und zur persönlichen Entwicklung einzusetzen, also nicht zur äußeren Manipulation. Einige Neuheiden betrachten die Gottheiten als reale Wesen, andere als symbolische Darstellungen von Naturkräften und menschlichen Eigenschaften. Der Großteil der wissenschaftlichen Aussagen, auf die sich Wicca mit dem Bild ihrer Muttergottheit stützt, gilt heute als historisch problematisch; die Wicca-Anhänger sind sich dessen oft bewusst und bereit, solche Texte als Gerüchte beiseite zu schieben.

3-SEKUNDEN-PREDIGT
Die Menschen sollen mit der Natur in Harmonie leben, indem sie alte Götter und Göttinnen verehren, während magische Rituale der Heilung und dem spirituellen Wachstum dienen.

3-MINUTEN-THEOLOGIE
Mit einer Göttin im Zentrum und der Neubelebung des Wortes »Hexe« wurde Wicca besonders von einigen Feministinnen unterstützt. Da die Göttin jedoch oft als verführerische, schlanke, junge Frau dargestellt wird, wurde Wicca wegen Bestärkung überkommener Geschlechterklischees kritisiert. Neopaganistische Praktiken, insbesondere solche, die Nacktheit voraussetzen, werden oft von Christen angefeindet; Wicca-Anhänger haben sich entsprechend häufig beklagt, von Kirchen und Medien des Satanismus beschuldigt zu werden.

VERWANDTE RELIGIONEN
ANIMISMUS
Seite 18

3-SEKUNDEN-BIOGRAFIEN
GERALD GARDNER
1884–1964

ALEX SANDERS
1926–1988

MAXINE SANDERS
1946–

STARHAWK
1951–

30-SEKUNDEN-TEXT
Richard Bartholomew

Der Neopaganismus ist eine weitgehend polytheistische Religion, die eine heilige Göttin anerkennt und die Natur als Gottheit feiert.

SPIRITISMUS

30 Sekunden Religion

3-SEKUNDEN-PREDIGT
Tote können aus der Geisterwelt mit den Lebenden über Medien kommunizieren, ihnen Informationen und andere Manifestationen liefern und so als Beweis für ein Leben nach dem Tod dienen.

3-MINUTEN-THEOLOGIE
Der Spiritismus behauptet, Beweise für das Leben nach dem Tod in Form von Informationen bieten zu können, die das Medium ohne Kommunikation mit den Seelen der Toten nicht hätte wissen können. Deshalb sind Forscher an paranormalen Phänomenen interessiert, und einige sind von der Echtheit spiritistischer Medien überzeugt. Andere glauben, dass Spiritisten lediglich Opfer ihres Wunschdenkens sind.

Spiritisten glauben, dass über bestimmte Medien mit der Welt der Geister kommuniziert werden kann. So können die religiöse Lehre eines geistigen Führers oder Botschaften von Verstorbenen übermittelt werden. Eine Seele kann auf verschiedene Arten kommunizieren: Das Medium kann sich in Trance versetzen und die Worte der Seele entweder sprechen oder aufschreiben. Wenn das Medium während einer Séance konsultiert wird, bei dem nur eine kleine Gruppe von Menschen um einen Tisch sitzt, kann die Seele antworten, indem sie auf den Tisch klopft oder ihn kippt. Alternativ kann das Medium vor einem größeren Publikum erklären, von vielen Seelen persönliche Informationen über bestimmte anwesende Personen zu bekommen. Einige Medien werben für sich, mit Menschen per Telefon oder SMS in Kontakt zu treten; außerdem behaupteten einige, ihre Körper verströmten unter Trance Ektoplasma, eine Substanz, die sich in das Bild des Geistes verwandele und fotografiert werden könne. Trotz des biblischen Verbots, mit Toten in Verbindung zu treten, gibt es Christliche Spiritisten, die sich zum Teil auf Zodiak, einen angeblichen Jünger Jesu berufen. Man glaubt, dass die Geisterwelt aus verschiedenen Ebenen oder Sphären besteht und der geistige Fortschritt nach dem Tod anhält.

3-SEKUNDEN-BIOGRAFIEN
EMANUEL SWEDENBORG
1688–1772

MARGARET FOX
1833–1893

LEONORA PIPER
1857–1950

ARTHUR CONAN DOYLE
1859–1930

DORIS STOKES
1920–1987

30-SEKUNDEN-TEXT
Richard Bartholomew

Spiritisten glauben, dass die Seele den Tod überlebt und den Lebenden Nachrichten aus der Geisterwelt über Medien mitgeteilt werden.

VOODOO

30 Sekunden Religion

Nach dem Voodoo-Glauben gibt

es Tausende von Geistern (*Loa*), die mit den Lebenden interagieren. Diese *Loa* waren Menschen und werden in Nationen unterteilt, die stellvertretend für die angestammte Heimat der afrikanischen Sklaven stehen. Einige sind gemäßigte *Rada*-Geister, andere aggressivere *Petro*-Geister, obwohl beide als alternative Erscheinungsformen derselben *Loa* angesehen werden. Bestimmte Geister, die *Ghede* unter Führung von Baron Samedi, werden mit den Toten in Verbindung gebracht und sind für Hinterhältigkeit und Rücksichtslosigkeit bekannt. Alle Geister sind Geschöpfe des höchsten Gottes Bondyè (auch Bondieu), der die Bitten der Menschen, die durch die *Loa* überbracht werden, prüft, darüber hinaus aber mit den Menschen keinen Kontakt hat. Den *Loa* dienen Voodoo-Priester (*Houngan*) und -Priesterinnen (*Mambo*), die mit ihnen durch Träume, Trancen oder Wahrsagerei in Kontakt stehen. Trommeln und Tanz locken die Geister an und rufen Besessenheit hervor, während Tieropfer den Geistern Nahrung geben. Es gibt auch kleinere, böse Geister (*Baka*), die von Magiern (*Bocor*) für persönliche Zwecke benutzt werden. Von den *Bocoren* wird angenommen, dass sie die Macht haben, Zombies zu erschaffen, also Körper, die von den *Bocoren* durch Inbesitznahme ihrer Seele kontrolliert werden.

3-SEKUNDEN-PREDIGT
Viele Geister treten in Träumen und Trancen selbst in Erscheinung oder kommunizieren mit Priestern; Voodoo-Rituale bieten Heilung, Hilfe und Schutz vor bösen Mächten.

3-MINUTEN-THEOLOGIE
Viele Voodoo-Anhänger betrachten sich trotz der widersprüchlichen Haltung gegenüber der Kirche als Katholiken. Viele *Loa* sind katholische Heilige, so etwa der Pförtner *Loa* Legba, der oft mit dem hl. Petrus verglichen wird, der nach katholischer Vorstellung Zugang zum Himmel gewährt. Einige Anhänger beklagen die reißerische Art, in der die Religion in der Volkskultur als Form der Schwarzen Magie dargestellt wird.

VERWANDTE RELIGIONEN
YORUBA
Seite 14
CANDOMBLÉ
Seite 126

3-SEKUNDEN-BIOGRAFIEN
BOUKMAN DUTTY
gest. ca. 1791

MARIE LAVEAU
1794–1881

MAYA DEREN
1917–1961

30-SEKUNDEN-TEXT
Richard Bartholomew

Berauschende Rituale ermöglichen den Kontakt mit der Geisterwelt, bei der Voodoo-Priester und -Priesterinnen Hilfe und Heilung suchen können.

CANDOMBLÉ

30 Sekunden Religion

Die Anhänger von Candomblé

verehren afrikanische Gottheiten, die aus verschiedenen Traditionen Afrikas stammen, vor allem aus der Religion der Yoruba, und durch den Sklavenhandel nach Brasilien gelangten. Die Götter werden *Orixás* genannt, wobei hier gewisse Abweichungen bestehen – es gibt den fernen obersten Gott Olorun, seinen Sohn Obatala, den Erschaffer der Welt, und eine überschaubare Zahl weiterer Götter, die Aspekte der menschlichen Erfahrung und der natürlichen Ordnung beschreiben, etwa Krieg und Landwirtschaft (Ogún) oder Luxus und Fruchtbarkeit (Oshun). Jeder Mensch ist ein »Kind« einer bestimmten *Orixá* und kann wählen, zum *heiligen Kind*, also zum Eingeweihten einer Gottheit zu werden. Nach seiner Initiation repräsentiert das *heilige Kind* die Gottheit in Trancen und im Tanz; nach sieben Jahren kann das *heilige Kind* eine *Yalorixá* oder ein *Babalorixá* werden (Mutter oder Vater der Heiligen). Den Göttern werden Tieropfer gebracht, und sie werden bei Problemen durch Wahrsagerei um Rat gefragt, so durch das Werfen von Kaurimuscheln und die Deutung des dabei entstehenden Musters. Gesundheit und Harmonie hängen vom Gleichgewicht zwischen den verschiedenen Kräften ab, für die die jeweiligen *Orixás* stehen.

3-SEKUNDEN-PREDIGT
Die Götter schenken uns Leben, Schutz und Rat, worauf die Menschen mit Speiseopfern, rituellen Feiern und Initiationen reagieren.

3-MINUTEN-THEOLOGIE
Candomblé enthält traditionell Elemente aus dem römischen Katholizismus, wobei die *Orixás* mit Jesus und den Heiligen identifiziert werden. Die Anhänger des Candomblé bezeichnen sich in der Regel als Katholiken. Doch seit den 1980er-Jahren gibt es eine Bewegung, die den katholischen Einfluss als fremd ablehnt; ihre Vertreten stehen für eine Reafrikanisierung und wollen die katholischen Bilder beseitigen. Einige Fachleute glauben allerdings, dass dies der historischen Komplexität des Candomblé widerspricht.

VERWANDTE RELIGIONEN
YORUBA
Seite 14
VOODOO
Seite 124

3-SEKUNDEN-BIOGRAFIEN
IYA NASSO
um 1830

MÃE ANINHA
Eugênia Anna Santos
1879–1938

MÃE MENININHA
Maria Escolástica
da Conceição Nazaré
1894–1986

MÃE STELLA DE OXOSSI
Maria Stella de Azevedo Santos
1925–

30-SEKUNDEN-TEXT
Richard Bartholomew

Candomblé-Gläubige mit starken afrikanischen Beziehungen erhoffen sich von den Göttern für ihre Verehrung und ihre Opfer Schutz.

HARE-KRISHNA

30 Sekunden Religion

Die Internationale Gesellschaft

für Krishna-Bewusstsein (ISKCON) glaubt, dass der Hindu-Gott Krishna die höchste Manifestation Gottes darstellt und zu verschiedenen Zeiten der Geschichte Gestalt annahm, etwa als Rama oder als Buddha. Zuletzt verkörperte er sich als Chaitanya Mahaprabhu (1486–1533), der das Seelenheil durch die Hingabe (*Bhakti*) lehrte. ISKCON-Anhänger drücken ihre Liebe für Krishna durch Anbetung – zu der auch öffentlicher Tanz und Predigen gehören – und durch die Wiederholung eines 16 Worte umfassenden Mantra aus den *Upanishaden* der Hindu aus, das mit »Hare Krishna« beginnt (»Hare« bezieht sich auf die Energie Gottes). Hierdurch wird das Gesetz des Karmas und der Kreislauf der Wiedergeburt überwunden; gewöhnliche Geweihte müssen allerdings unter der Leitung eines anerkannten Gurus innerhalb der Bewegung bleiben und bestimmte sittliche Vorschriften befolgen. Die Worte Krishnas seien in der Bhagavad Gita aufgezeichnet, und die treffendste englische Übersetzung sowie der wichtigste Kommentar stammen von A. C. Bhaktivedanta Swami Prabhupada, der 1966 in den USA ISKCON gründete. ISKCON ist dafür bekannt, kostenlose Mahlzeiten sowohl gemeinnützig als auch zur Förderung des Vegetarismus anzubieten und Schriftgut zu verteilen.

3-SEKUNDEN-PREDIGT
Die aufrichtige Hingabe an Krishna, ausgedrückt in Gesang, Gottesdienst und rechtem Leben, führt zur Erkenntnis Gottes.

3-MINUTEN-THEOLOGIE
Trotz seiner konservativen moralischen und patriarchalischen Strukturen richtete sich Hare Krishna zunächst an die Hippies der 1960er-Jahre, von denen George Harrison der bekannteste war. Doch die Gemeinschaft erlebte nach dem Tod Prabhupadas zahlreiche Skandale, in die Gurus involviert waren, die nach verbotenem Sex und Drogenkonsum ausgeschlossen wurden. Während Prabhupada die Religion mit universellen Begriffen umschrieb, beruft sich ISKCON heute stärker auf ihre hinduistischen Wurzeln, sodass auch nicht zur ISKCON gehörende Hindus ihre Gottesdienste besuchen.

VERWANDTE RELIGIONEN
HINDUISMUS
Seite 32

3-SEKUNDEN-BIOGRAFIEN
A. C. BHAKTIVEDANTA
SWAMI PRABHUPADA
1896–1977

GEORGE HARRISON
1943–2001

RAVINDRA SVARUPA DASA
William H. Deadwyler
1947–

30-SEKUNDEN-TEXT
Richard Bartholomew

Anhänger der Hare-Krishna-Bewegung verehren Krishna als den höchsten Herrn und zielen darauf ab, Spiritualität, Frieden und Einheit zu fördern.

CHEONDOGYO

30 Sekunden Religion

3-SEKUNDEN-PREDIGT
Mensch und Himmel sind
eins, und die Menschen
können diese Wahrheit
erkennen, indem sie den
Herrscher des Himmels
verehren und seine heiligen
Verse wiederholen.

3-MINUTEN-THEOLOGIE
Cheondogyo verbindet in
einer nationalistisch-ko-
reanischen Identität chinesische Religion und koreanischen Schamanismus.
Choe Je-u wurde 1864 we-
gen Verrats hingerichtet;
die Führer der Bewegung
führten in den 1890er-Jah-
ren Aufstände gegen die
korrupten Herrscher des
Landes. Son Byong-hi, ein
späteres Oberhaupt der
Bewegung, war Mitverfas-
ser der koreanischen Un-
abhängigkeitserklärung; in
den 1960er-Jahren waren
Mitglieder stark in patrio-
tische Kundgebungen für
die Regierung Südkoreas
involviert.

Anhänger glauben, dass Sangje,
der Herrscher des Himmels, sich 1860 einem jun-
gen koreanischen Gelehrten namens Choe Je-u
offenbarte. Sangje übergab Choe Je-u einen rätselhaften Gebetsvers, der, auf Papier geschrieben und verschluckt, Krankheiten heilt und ein
langes Leben verleiht. Man glaubt zudem, dass
die Wiederholung der Verse im Gottesdienst
helfe, Gedanken und Handlungen in Einklang
mit dem Himmel zu bringen. Außerdem sollten
die Menschen auf Erden ein Paradies errichten,
was als Unterstützung des koreanischen Nationalismus verstanden wurde. Die Lehre wird
in bewusstem Gegensatz zur »Westlichen Lehre« (*Seohak*), die mit dem Römischen Katholizismus gleichgesetzt wurde, als »Östliche Lehre«
bezeichnet (*Donghak*, der ursprüngliche Name
der Religion). Doch obwohl der Name Sangje aus
dem chinesischen Daoismus stammt, benutzt
das zentrale Gebet der Religion den christlichen
Begriff für Gott, und Aufbau und Stil des Got-
tesdienstes erinnern an den protestantischen
Gottesdienst. Der aktuelle, 1905 angenommene
Name dieser Glaubensgemeinschaft bedeutet
»Religion des himmlischen Weges«.

VERWANDTE RELIGIONEN
ANIMISMUS
Seite 18

HAUPTRICHTUNG DES
BUDDHISMUS
Seite 36

DAOISMUS
Seite 48

3-SEKUNDEN-BIOGRAFIEN
CHOE JE-U
1824–1864

CHOE SIHYEONG
1827–1898

SON BYONG-HI
1861–1922

30-SEKUNDEN-TEXT
Richard Bartholomew

*Die Wiederholung einer
vom Herrscher des
Himmels zur Verfügung
gestellten heiligen
Phrase wird Harmonie
zwischen Himmel und
Erde bringen.*

TENRIKYO

30 Sekunden Religion

Tenrikyo-Anhänger glauben, dass sich der Elterliche Gott (Tenri-o-no-mikoto) 1838 in Nakayama Miki offenbarte, einer Bäuerin, die zum Heiligtum des Elterlichen Gottes und zum »Oyasama« (Elternteil) erklärt wurde. Der Elterliche Gott gab Oyasama das Versprechen, dass die Menschen am Ende aller Wiedergeburten ein Zeitalter erleben würden, in dem jedem ein »Frohes Leben« zuteil würde. Leid (*innen*, karmisches Schicksal) entsteht durch Kausalität. Der Weg zum »Frohen Leben« drückt sich in Dank für das Leben aus, das uns Gott geschenkt hat, und im Verständnis, dass alle Menschen Geschwister sind. Wir sollen uns von negativem »Staub« wie Neid und Hass reinigen, der sich in unseren Köpfen festsetzt und uns zum Egoismus verleitet. Oyasama verkörperte diesen Weg, als sie ihr Familienvermögen verschenkte und sich selbst arm machte. Der Elterliche Gott offenbarte später, dass eine Stelle im Herzen des historischen Japan das Zentrum des Universums sei; dieser Ort liegt heute in der Stadt Tenri in Nara, wo der Elterliche Gott wohnt und die Menschheit erschaffen wurde. Heute ist es ein Wallfahrtsort, der mit heiligen Tänzen verehrt wird. Oyasamas männliche Nachkommen führen nun die Religionsgemeinschaft.

3-SEKUNDEN-PREDIGT
Der Elterliche Gott will, dass alle Menschen am »Frohen Leben« teilhaben.

3-MINUTEN-THEOLOGIE
Tenrikyo stützt sich auf Volksschamanismus und Buddhismus. Trotz seines Schwerpunkts in Japan als Zentrum des Universums versteht sich die Religion als eine Botschaft für die ganze Welt. Aber auch sie trägt shintoistische Züge, und zwischen 1908 und 1970 wurde sie vom Staat formell in den Shintoismus integriert. Zu ihren Lebzeiten wurde Oyasamas Botschaft der Gleichheit und ihre weibliche Führungsrolle von den japanischen Behörden mit Misstrauen und Feindseligkeit verfolgt.

VERWANDTE RELIGIONEN
MAHAYANA-BUDDHISMUS
Seite 40
SHINTOISMUS
Seite 54
NEUE RELIGIONEN IN JAPAN
Seite 150

3-SEKUNDEN-BIOGRAFIEN
NAKAYAMA MIKI
1798–1887
IBURI IZO
1833–1907

30-SEKUNDEN-TEXT
Richard Bartholomew

Wie im buddhistischen Verständnis von Reinkarnation lehrt Tenrikyo, dass das »Frohe Leben« durch die Überwindung negativen Denkens erreicht wird.

天理市

NEUE RELIGIONEN

Babylon Hauptstadt des babylonischen Reiches von 612 v. Chr., 80 Kilometer südlich von Bagdad am Euphrat. Für Rastafaris ist Babylon ein Symbol für die Unterdrückung der Schwarzen durch die Weißen, so wie auch die Juden während der persischen Herrschaft in Babylon von 538–332 v. Chr. unterdrückt wurden.

Black Supremacy (Schwarze Vorherrschaft)
Der Glaube, dass schwarze Menschen anderen Rassen überlegen sind. Im Extremfall ist es eine rassistische Ideologie, die Hass gegen alle schürt, die nicht afrikanischer Abstammung sind, vor allem Weiße und Juden. Allerdings glauben einige Historiker, die schwarze Vorherrschaft könne auch einfach eine Reaktion auf weißen Rassismus sein. Wichtige Organisationen der schwarzen Vorherrschaft sind die 1930 gegründete Nation of Islam und die 1966 gegründete Black Panther Party.

Dreadlocks Lange, verdrehte Haare, die als lange Zöpfe wie verfilzte Seile aussehen. Obwohl auch von anderen Religionen praktiziert, werden sie besonders mit Rastafaris verbunden, die Dreadlocks als Zeichen ihres Glaubens und ihrer schwarzen Identität tragen. Die Praxis beruft sich auch auf die Bibel, etwa auf Levitikus 21,5 und Numeri 6,5.

Gottesauge Symbol des Caodaismus, auch Auge der Vorhersehung; ein linkes Auge in einem Kreis oder Dreieck. Das Auge soll seine Anhänger daran erinnern, dass das höchste Wesen allwissend ist und jede Handlung beobachtet. Das linke Auge wurde gewählt, weil links Yang bzw. den Heiligen Geist repräsentiert, der über die Menschheit wacht.

Livity Lebensweise der Rastafari. Dazu gehört, Babylon oder die moderne Art des Lebens abzulehnen, keine Steuern zu zahlen, nur Lebensmittel ohne Zusatzstoffe zu essen, Alkohol und Kaffee zu meiden, Cannabis zu rauchen, sich vorwiegend vegetarisch zu ernähren oder zumindest weder Schweinefleisch noch Meeresfrüchte zu essen und die Haare in Dreadlocks zu tragen. Rastafaris werden für ihre ablehnende Haltung gegenüber Frauen und Homosexuellen kritisiert.

Luzifer Das Wort Luzifer (lat. *lux* – Licht und *ferre* – tragen, also der Lichtträger) bezeichnete ursprünglich den Morgenstern. Im Neuen Testament verweist der Name auf einen babylonischen König, der seine Herrschaft verlor (Jesaja 14,3–20). Erst später wurde der Name für den Teufel verwendet. Heutzutage ist er mit Satan, Teufel und Beelzebub nahezu gleichbedeutend.

Messias Retter der Juden, dessen Ankunft im Alten Testament erwartet wird. Für die Christen erfüllte Jesus von Nazareth die Prophezeiungen und wurde ihr Messias. Generell wird der Begriff verwendet, um auf eine Erlöserfigur Bezug zu nehmen. Vom hebräischen Wort *masiah* abgeleitet, was »Gesalbter« bedeutet.

Operierender Thetan Laut Scientology ein spiritueller Seinszustand oberhalb von Clear. Sobald die Menschen geprüft worden sind, erreichen sie den Clear-Zustand. Danach können sie durch weiteres Studium zum Operierenden Thetan werden (OT – Operating Thetan). Danach gibt es viele Stufen, wobei OT I–VII Vorstufen sind. Erst wenn die ganze Wahrheit offenbart worden ist, wird man bei OT VIII vollwertiger OT.

Qigong Eine chinesische Kampfkunst, die Meditation und Bewegung kombiniert. Die volle Technik umfasst 460 Bewegungen, die Visualisierungen und Atemübungen enthalten. Ursprünglich 1122 v. Chr. in China entstanden, ist es das Ziel, Körper und Geist zu harmonisieren (chin. *qi* oder *chi* – Energie und *gong* – Zucht).

Reinkarnation Ähnlich wie das buddhistische Konzept der Wiedergeburt, allerdings auf die Seele eines Einzelnen angewandt (anstelle des allgemeineren Begriffs eines sich entwickelnden Bewusstseins). Die Idee ist für viele östliche Religionen – einschließlich Hinduismus, Jainismus und Sikhismus – von zentraler Bedeutung.

Höchstes Wesen Gott des Caodaismus. Der Begriff wird verwendet, um geschlechtliche, rassistische oder religiöse Assoziationen zu vermeiden, obwohl es ausdrücklich der gleiche Gott ist, der von allen anderen Religionen verehrt wird. Ziel des Caodaismus ist die Vereinigung aller Gläubigen in einem höheren Wesen.

Synkretismus Zusammenführung verschiedener Religionen, die in der Regel eine neue Glaubensrichtung hervorbringt. Christlicher Spiritismus ist ein Beispiel. Der Bahaismus, der Mohammed, Jesus, Moses, Buddha, Zarathustra und Abraham als Propheten akzeptiert, wird als ein weiteres Beispiel betrachtet, obwohl er seinen eigenen Propheten Baha'ullah und seine eigenen heiligen Schriften hat.

Thetan Laut Scientology das Wesen des Lebens, ähnlich wie in anderen Religionen die Seele. Thetanen handelten bei der Entstehung vor Billionen von Jahren eigenwillig und schufen die physische Welt zum eigenen Vergnügen. Doch mit der Zeit vergaßen sie ihre wahre Natur und wurden in ihre physischen Körper eingesperrt. Das Ziel von Scientology ist es, sie in ihren ursprünglichen Zustand der Selbstbestimmung zurückzubringen.

Zion Ursprünglich ein von David eroberter Hügel in Jerusalem, aber auch eine allgemeine Bezeichnung für ein »gelobtes« Land. Für die Rastafari liegt Zion in Äthiopien.

JOHN-FRUM-BEWEGUNG

30 Sekunden Religion

3-SEKUNDEN-PREDIGT

John Frum wird als König von Amerika die Insel Tanna zu einem Paradies machen, indem er die traditionellen Bräuche wiederherstellen und Luxusgüter mitbringen wird.

3-MINUTEN-THEOLOGIE

Die John-Frum-Bewegung wird den Cargo-Kulten zugeordnet. Da die Bewegung als Protest gegen die Kolonialherrschaft begann, basiert die Motivation der Anhänger nicht nur auf dem Wunsch nach materiellen Gütern. Das Verhältnis der Bewegung zu den Behörden in Vanuatu ist angespannt. Paradoxerweise verteidigt sie althergebrachte Bräuche (*kastom*) mit den entsprechenden Symbolen der Technik und der Vereinigten Staaten und lehnt das Christentum ab, während sie dessen Millenarimus an eine kommende neue Welt adaptiert.

Die Gläubigen betrachten John

Frum als Gott; von ihm wird angenommen, seine Zeit zwischen Yasur, einem Vulkan auf der Insel Tanna im südpazifischen Vanuatu, und Amerika zu verbringen. Zuerst erschien er in den 1930er-Jahren einigen Inselbewohnern, die aufgefordert wurden, das Christentum und die Kolonialwährung abzulehnen und zu ihren traditionellen *Bräuchen (kastom)* zurückzukehren, also zu Traditionen, die die Missionare verboten hatten, etwa das Trinken eines berauschenden Getränks namens *Kava*. Die Anhänger meinen, dass spätere Ereignisse ihren Glauben bestätigten: Der Zweite Weltkrieg brachte amerikanische Matrosen und moderne Technologien auf die Insel. Obwohl die Amerikaner nach dem Krieg die Insel wieder verließen, glauben sie, dass John Frum eines Tages mit vielen Luxusgütern aus den USA zurückkehren wird. Die Gläubigen beten zu Frum und feiern jedes Jahr den John-Frum-Tag. Zu den Zeremonien gehören auch das Hissen von US-Flaggen, das Marschieren in nachempfundenen US-Uniformen und das symbolische Schwingen von Kettensägen-Attrappen, um Platz für den Bau von Fabriken zu schaffen. Die Mitglieder der Bewegung haben eine Landebahn mit Kontrolltürmen aus Bambus gebaut, um die Ankunft der Luxusgüter zu erleichtern.

3-SEKUNDEN-BIOGRAFIEN

NAMBAS
um 1950

NAKOMAHA
um 1950

ISAAK WAN
gegenwärtig

FRED NESSE
gegenwärtig

30-SEKUNDEN-TEXT
Richard Bartholomew

Die Anhänger glauben, dass John Frum, der König von Amerika, zurückkehren, Wohlstand bringen und die traditionellen Bräuche wiederherstellen werde.

FALUN GONG

30 Sekunden Religion

Falun Gong basiert auf den Lehren von Li Hongzhi, einem ehemaligen Musiker, der von den Anhängern als Meister des Qigong angesehen wird, einer Form chinesischer Meditation und Übungen, die zur Heilung und Steigerung der menschlichen Leistung verwendet wird. Li stützt sich auf den verbreiteten Buddhismus und Daoismus und verbindet die Gesundheit mit dem Karma, in dem Taten des früheren Lebens diejenigen des aktuellen Lebens beeinflussen. Karma ist eine schwarze Substanz im Inneren des Körpers, die durch ein moralisches Leben durch Leiden oder Übungen weiß gemacht werden kann. Die Anhänger müssen Lis Schriften lesen, sich von ihren »Anhängen« befreien und den Übungen folgen, die er vorgibt. Praktiker können übersinnliche Kräfte entwickeln, und Li behauptet, ein besseres Verständnis des Universums als das der Wissenschaft zu haben. Dazu gehört auch die Erkenntnis, dass Außerirdische existieren, die Welt mehrmals zerstört und wieder erschaffen wurde und sie diesen Prozess erneut durchlaufen werde. Anzeichen dafür sei die Repression, die die Anhänger seit 1999 in China erleben. Li sagt, dass diejenigen, die für ihren Glauben leiden oder sterben, die sofortige Erleuchtung empfangen. In Peking und vor chinesischen Botschaften im Ausland haben Mitglieder der Bewegung immer wieder protestiert.

3-SEKUNDEN-PREDIGT
Bestimmte Übungen werden den Körper verwandeln und einer Person ihren Platz im Universum zeigen. Ein Zyklus der Zerstörung und Erneuerung der Welt steht unmittelbar bevor.

3-MINUTEN-THEOLOGIE
In der Volksrepublik China wird Falun Gong als ketzerische Sekte angesehen, die die Mitglieder ausnutzt, Todesfälle verschuldet und eine Bedrohung für die Gesellschaft ist. Die Praktizierenden werden inhaftiert und in Arbeitslager geschickt, doch Mutmaßungen über Organraub in Falun-Gong-Medien wie der *Epoch Times* sind unbestätigt. 2001 erhielt Li von Freedom House, einer prominenten amerikanischen Menschenrechtsorganisation, als »Verteidiger der religiösen Rechte« einen Preis.

VERWANDTE RELIGIONEN
BUDDHISMUS
Seite 36
DAOISMUS
Seite 48

3-SEKUNDEN-BIOGRAFIE
LI HONGZHI
1952–

30-SEKUNDEN-TEXT
Richard Bartholomew

Die Anhänger von Falun Gong suchen Erleuchtung durch die Anwendung von Qigong und die Lehren von Li Hongzhi.

VEREINIGUNGSKIRCHE

30 Sekunden Religion

3-SEKUNDEN-PREDIGT

Die perfekte Hochzeit des Messias stellt die Bindung der Menschheit mit Gott wieder her. Moon ist der »Wahre Vater«, der die Arbeit Jesu vollendet.

3-MINUTEN-THEOLOGIE

Obwohl die Theologie der Vereinigungskirche vom traditionellen Christentum abweicht, wuchs Moon als Presbyterianer auf; er selbst betrachtete seine Theologie als christlich. Von der Kirche gegründete Organisationen fördern konfessionell durchmischte Aktivitäten, und Moons Betonung der Ehe hat einige afrikanische katholische Geistliche angezogen, die das Zölibat ablehnen. Moons Eltern waren Konfuzianer, bevor sie Christen wurden, und der Gelehrte Ninian Smart beschrieb Moons Lehre als »Evangelischen Konfuzianismus«.

Anhänger der Vereinigungskirche (auch Moon-Sekte genannt) glauben, dass Gott seine Liebe in der perfekten Dreifaltigkeit von Gott, Mann und Frau darstellen wolle, wie sie sich in der idealen Familie ausdrücke. Allerdings wurde die Bindung zwischen Mensch und Gott zerbrochen, als Eva, die erste Frau, zunächst mit dem Engel Luzifer, dann mit dem ersten Mann schlief. Jesus kam, um die Dreifaltigkeit wiederherzustellen; doch er wurde gekreuzigt, bevor er sein Werk vollenden konnte. Der Koreaner Sun Myung Moon behauptete, der Messias zu sein, der als »Wahrer Vater« wiederkehren werde, während seine Frau die »Wahre Mutter« sei. Die Anhänger glauben, dass ihre Verbindung mit Gott durch eine von Moon zelebrierte Massenhochzeit wiederhergestellt werde, wobei die Partner von der Vereinigungskirche auszuwählen seien. Dass die Menschheit eine Familie sei, zeige sich in den vielen Paaren verschiedener Nationalitäten oder Volksgruppen in der Kirche, und Moon lehrte, dass ihre Kinder ohne Erbsünde leben würden. Moon warnte davor, die kostbare menschliche Geschlechtlichkeit falsch zu gebrauchen; »freie Liebe« und Homosexualität lehnte er ab. Solche Lehren werden »Göttliche Prinzipien« genannt. Moon glaubte nicht, Gott oder das Glaubensobjekt seiner Gläubigen zu sein, die »Moonies« genannt werden.

VERWANDTE RELIGIONEN

KONFUZIANISMUS
Seite 50

CALVINISMUS
Seite 90

3-SEKUNDEN-BIOGRAFIEN

SUN MYUNG MOON
»Wahrer Vater«
1920–2012

HAKJA HAN MOON
»Wahre Mutter«
1943–

HYO JIN MOON
1962–2008

HYUN JIN (PRESTON) MOON
1969–

30-SEKUNDEN-TEXT

Richard Bartholomew

Massenhochzeiten symbolisieren die Wiedervereinigung zwischen Gott, Mann und Frau – die perfekte Dreifaltigkeit.

CAODAISMUS

30 Sekunden Religion

Nach dem Caodaismus, 1926 im Süden Vietnams gegründet, offenbarte sich Gott der Welt in Religionsstiftern und anderen großen Persönlichkeiten der Vergangenheit in zwei vergangenen Zeitaltern. In einer dritten Epoche offenbarte sich dem vietnamesischen Beamten Ngo Minh Chieu während einer spirituellen Sitzung der Geist Cao Dai – sein Name bedeutet »Turm ohne Dach« und bezeichnet das göttliche Wesen. Die Gläubigen befolgen die Lehren, die entweder unmittelbar auf Cao Dai oder auch auf verschiedene körperlose Seelen von Toten zurückgehen. Eine solche Seele ist diejenige des französischen Schriftstellers Victor Hugo, von dem angenommen wird, im Westen als Medium des höchsten Wesens gedient zu haben. Die Geistlichen sind in drei Gruppen unterteilt, die den Buddhismus, den Konfuzianismus und den Daoismus repräsentieren und in einer dem Katholizismus entlehnten Struktur organisiert sind (wobei es gegenwärtig keinen Papst gibt und Frauen in einigen Positionen zugelassen sind). Das höchste Wesen wird als (linkes) Gottesauge symbolisiert; bedeutende Lehrer wie Buddha und Jesus gehören zu einer dem Cao Dai unterstellten Gruppe von Gottheiten. Die Anhänger glauben an das Prinzip des Karmas und streben die Belohnung durch religiöse Übung und gesellschaftliche Leistung an, um die Reinkarnation zu überwinden.

3-SEKUNDEN-PREDIGT
Wir leben in der dritten Ära des Seelenheils; die Religionen sind in der Verehrung des höchsten Wesens vereint; es herrscht ein Austausch mit der Welt der Geister.

3-MINUTEN-THEOLOGIE
Caodaismus ist eine modernistische Synthese, die sich nächst an gebildete, unter der Kolonialherrschaft lebende Vietnamesen richtete; in ihr ist der geistige Kontakt ein zentrales Thema, zumal in bestimmten Kreisen westliche spiritistische Phänomene als wissenschaftlich angesehen wurden. Caodaismus steht auch für Antikolonialismus. Auf Festivals und Ausstellungen dieser Religionsgemeinschaft werden Fortschrittlichkeit und spirituelle Entwicklung gefeiert und Gläubige in modernen Berufen vorgestellt.

VERWANDTE RELIGIONEN
BUDDHISMUS
Seite 36
DAOISMUS
Seite 48
KONFUZIANISMUS
Seite 50
SPIRITISMUS
Seite 122

3-SEKUNDEN-BIOGRAFIEN
LE VAN TRUNG
1876–1934

NGO MINH CHIEU
1878–1932

PHAM CONG TAC
1890–1959

30-SEKUNDEN-TEXT
Richard Bartholomew

Dank des höchsten Wesens Cao Dai wird der Caodaismus, der auf Elemente des Buddhismus zurückgreift, seinen Anhängern helfen, den Kreislauf der Reinkarnation zu durchbrechen.

SCIENTOLOGY

30 Sekunden Religion

Nach L. Ron Hubbards Buch *Dianetik* (1950) sind die Menschen durch Engramme eingeschränkt, schlechte Erfahrungen, die unbewusst unser Verhalten beeinflussen. Diese Erfahrungen können im bisherigen Leben, im Mutterleib oder in früheren Leben entstanden sein. Sie können allerdings durch einen Auditing genannten Prozess beseitigt werden. Dabei sind entweder anhand des Buches oder unter professioneller Begleitung Fragen zu beantworten, während man mit einem von Hubbard erfundenen Gerät, dem sogenannten E-Meter, verbunden ist. Psychiatrische Behandlungen werden, vor allem wegen des Einsatzes von Drogen, abgelehnt. Wer das Auditing absolviert hat, wird Clear genannt und kann sein Ich zu einem sogenannten Thetan weiterentwickeln. Als Operierender Thetan (OT) wird er dann versuchen, verschiedene Ebenen zu durchlaufen. Als OT III lernt er, wie die Thetanen unter traumatischen Umständen vor 75 Millionen Jahren durch Xenu, einen intergalaktischen Herrscher, zur Erde kamen. Dieses Wissen gilt für Unvorbereitete als gefährlich und kann nur im rituellen Kontext sinnvoll offenbart werden. Hubbard entwickelte es durch wissenschaftliche Untersuchungen (und nicht durch Offenbarung), auch wenn einige Scientologen die Geschichte als gleichnishaft betrachten. Hubbard wird als größter Autor, Erfinder und Entdecker verehrt.

3-SEKUNDEN-PREDIGT

Funktionsweise und Wahrnehmung des Menschen können entschieden verbessert werden. Mit dem Fortschritt stellt sich die persönliche Entwicklung des geheimen Wissens über die Geschichte des Universums ein.

3-MINUTEN-THEOLOGIE

Hubbard soll in den 1940er-Jahren erklärt haben, er wolle eine Religion gründen, um Geld zu verdienen; Kritiker behaupten auch deshalb, dass Scientology keine wirkliche Religion ist. Scientology ist für ihre aggressive Haltung gegenüber Kritik bekannt; in den 1970er-Jahren sah sie sich in mehreren Ländern immer wieder dem Vorwurf ausgesetzt, ihre Interessen mit krimineller Energie durchzusetzen. In jüngerer Zeit haben maskierte Gegner immer wieder Scientology attackiert – unter dem Namen Anonymous.

3-SEKUNDEN-BIOGRAFIEN

L. RON HUBBARD
1911–1986

MARY SUE HUBBARD
1931–2002

MICHAEL MISCAVAGE
1960–

30-SEKUNDEN-TEXT

Richard Bartholomew

Hat man sich von den schlechten Engrammen befreit, kann man als Clear eine Reihe von Bewusstseinsstufen durchlaufen, die die wahre Geschichte des Universums enthüllen.

RASTAFARI

30 Sekunden Religion

Die Bewegung entstand in Jamaika, als 1930 Ras Tafari zum Kaiser Haile Selassie von Äthiopien gekrönt wurde und dieses Ereignis von einigen schwarzen Jamaikanern als prophetisch interpretiert wurde. Während die Karibik und ein Großteil von Afrika unter weißer Kolonialherrschaft standen, blieb Äthiopien eine stolze und unabhängige schwarzafrikanische Nation. Haile Selassie wollte als Gott die afrikanische Vorherrschaft wiederherstellen und die Schwarzen nach Afrika zurückholen. Die mit zusätzlichen Texten versehene Bibel wurde im Hinblick auf die Situation der Schwarzen interpretiert: So wie das alte Reich Babylon die Juden unterdrückt hatte, so unterdrückten die Weißen das auserwählte schwarze Volk; es verstand sich als Reinkarnation Israels mit Äthiopien als neuem Zion. Die Gläubigen bringen ihre Identität mit Livity, einer auf Natürlichkeit ausgerichteten Lebensweise, zum Ausdruck. Das Haar wird als Dreadlocks getragen, die Ernährung ist vegetarisch, eine Kräutermedizin wird bevorzugt; insbesondere Ganja (Marihuana) wird als »Sakrament« betrachtet, das für spirituelle Heilung steht. Die Sprache spiegelt die Rastafari-Erfahrung wider: Die Würde und die Subjektivität des Menschen werden mit »Ich« anstelle des Kreolischen *mi* (ich), das Göttliche in jeder Person mit »I and I« (»ich« bzw. »wir«) ausgedrückt.

3-SEKUNDEN-PREDIGT
Gott, der als Haile Selassie, Kaiser von Äthiopien, auf die Erde kam, erlöst die schwarzen Menschen von der weißen Unterdrückung.

3-MINUTEN-THEOLOGIE
Die Figur von Haile Selassie (der 1975 starb) ist für viele Rastafaris heute nicht mehr von zentraler Bedeutung, und die Idee einer Rückkehr nach Afrika wird in Bezug auf die Selbstdarstellung in weißen Mehrheitsgesellschaften oft symbolisch verstanden. Die persönliche Befreiung und nicht die schwarze Vorherrschaft wird betont; heutzutage gibt es auch weiße Rastafaris. Doch trotz der Betonung der Befreiung bleibt die Religion patriarchalisch, und Frauen beklagen sich über ihre untergeordnete Stellung innerhalb der Religionsgemeinschaft.

3-SEKUNDEN-BIOGRAFIEN
HAILE SELASSIE
1892–1975

JOSEPH HIBBERT
1894–1986

MARCUS GARVEY
1887–1940

LEONARD PERCIVAL HOWELL
1898–1981

ARCHIBALD DUNKLEY
um 1930

BOB MARLEY
1945–1981

30-SEKUNDEN-TEXT
Richard Bartholomew

Gott kam als Kaiser Haile Selassie auf die Erde, um das schwarze Selbstbewusstsein zu stärken.

SHINSHUKYO

30 Sekunden Religion

Die Neuen japanischen Religio-
nen sind von Synkretismus und Individualisierung geprägt: In der Regel wird eine Geburt von einer Shintoismus-Zeremonie begleitet, der Buddhismus dagegen ist für Bestattungen zuständig. Viele der neuen Religionsbewegungen Japans (Shinshukyo) berufen sich auf Aspekte eines reichen religiösen Erbes, das von einer bestimmten Person interpretiert wird. Gründer und religiöse Führer sind heute für ihre Anhänger maßgeblich, und die Organisationen, die ihre Lehren fördern, haben ältere Muster der Religionszugehörigkeit ersetzt. Von einigen Führern, die das schamanische Erbe der japanischen Religion unterstreichen, wird angenommen, dass sie direkt mit einem Gott in Kontakt stehen und übernatürliche Kräfte besitzen; andere werden als Lehrmeister einer Erkenntnis verehrt. Eine derartige Religionsbewegung kann einen Gründer des ersten Typs haben, auf den ein Führer des zweiten Typs folgt. Die Neuen Religionen Japans neigen dazu, sich auf Fragen in dieser Welt zu konzentrieren, vor allem auf Gesundheit und Erfolg. Am verbreitetsten ist Soka Gakkai, in der die traditionelle buddhistische Praxis unterstrichen und der heilige Text des *Lotus-Sutra* gesungen wird. Dies soll materiell und spirituell hilfreich sein. Einige Neue Religionen assimilieren Ideen aus dem Christentum oder der Volkskultur.

3-SEKUNDEN-PREDIGT
Religion wird in Japan durch die Offenbarungen und Einsichten neuer Gründer und Lehrer wieder wichtig.

3-MINUTEN-THEOLOGIE
Die Neuen Religionen sind oft dem Misstrauen oder Spott der Gesellschaft ausgesetzt, und Medienberichte darüber konzentrieren sich oft auf besonders exzentrische Gruppen mit Führern, die externen Beobachtern unredlich oder überheblich erscheinen. Seit dem Terroranschlag von 1995, als die Aum-Sekte in der Tokioter U-Bahn Giftgas freisetzte, erfahren die Neuen Religionen weniger Toleranz.

VERWANDTE RELIGIONEN
MAHAYANA-BUDDHISMUS
Seite 40
SHINTOISMUS
Seite 54
TENRIKYO
Seite 132

3-SEKUNDEN-BIOGRAFIEN
NAKAYAMA MIKI
1798–1887
KAWATE BUNJIRO
1814–1883
DEGUCHI NAO
1836–1918
DAISAKU IKEDA
1928–
SHOKO ASAHARA
1955–

30-SEKUNDEN-TEXT
Richard Bartholomew

Die Neuen Religionen Japans haben ihre Wurzeln im Buddhismus und Shintoismus, werden allerdings von namhaften Führern neu gedeutet.

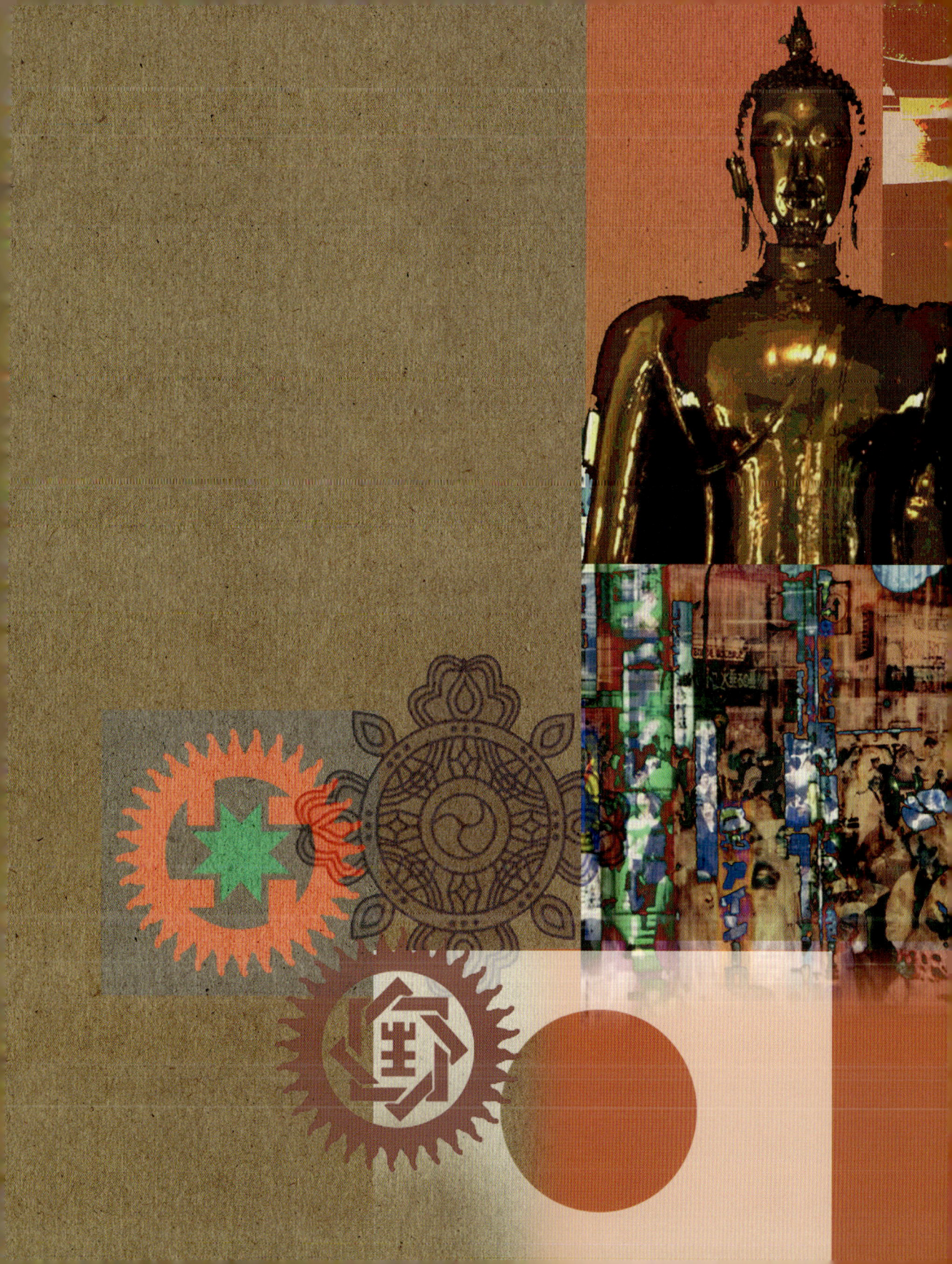

ANHANG ◑

QUELLEN

BÜCHER

Animism: Respecting the Living World
Graham Harvey
(Columbia University Press, 2005)

A Brief Introduction to Hinduism
A. L. Herman
(Westview Press, 1991)

Buddhist Religions: A Historical Introduction
Richard H. Robinson, Willard L. Johnson, und Thanissaro Bhikkhu
(Wadsworth, 2004)

Christian Theology. An Introduction
Alister E. McGrath
(Wiley-Blackwell, 2010)

Contemporary Paganism: Listening People, Speaking Earth
Graham Harvey
(NYU Press, 2000)

Encountering Religion: An Introduction to the Religions of the World
Ian Markham und Tinu Ruparell (Hrsg.)
(Wiley-Blackwell, 2001)

Historical Dictionary of Shamanism
Graham Harvey und Robert J. Wallis
(The Scarecrow Press Inc., 2007)

Judaism
Nicholas de Lange
(Oxford University Press, 2003)

Magic and the Millennium: A Sociological Study of Religious Movements of Protest among Tribal and Third-World Peoples
Bryan R. Wilson
(Harper & Row, 1973)

The New Believers: A Survey of Sects, Cults and Alternative Religions
David V. Barrett
(Cassell, 2001)

A New Dictionary of Religions
John R. Hinnells (Hrsg.)
(Wiley-Blackwell, 1995)

New Religions: A Guide – New Religious Movements, Sects and Alternative Spiritualities
Christopher Partridge und J. Gordon Melton
(Oxford University Press, 2004)

The Oxford Handbook of New Religious Movements
James R. Lewis
(Oxford University Press, 2008)

Religion in China
Richard C. Bush
(Argus, 1978)

Religion in Contemporary Japan
Ian Reader
(University of Hawaii Press, 1991)

Religions in Focus: New Approaches to Tradition and Contemporary Practices
Graham Harvey (Hrsg.)
(Equinox Publishing, 2009)

Religions in the Modern World
Linda Woodhead, Hiroko Kawanami,
und Christopher Partridge (Hrsg.)
(Routledge, 2009)

*Western Muslims and the
Future of Islam*
Tariq Ramadan
(Oxford University Press, 2005)

A World Religions Reader
Ian Markham und Christy Lohr (Hrsg.)
(Wiley-Blackwell, 2009)

ZEITSCHRIFTEN

*International Journal for the Study
of New Religions*
http://www.equinoxjournals.com/IJSNR

*The Journal of the American
Academy of Religion*
http://jaar.oxfordjournals.org/

Journal of Contemporary Religion
http://www.tandf.co.uk/journals/cjcr

The Journal of Religion
http://www.journals.uchicago.edu

The Journal of Religion and Society
http://moses.creighton.edu/JRS/

Reviews in Religion and Theology
http://www.blackwellpublishing.com/
journal.asp

INTERNETSEITEN

ABC Online Religion and Ethics Portal
http://www.abc.net.au/religion/
Sammlung von Artikeln, Kommentaren und
Interviews über Religion und Ethik der
australischen Rundfunkgesellschaft ABC.

BBC Religion
http://www.bbc.co.uk/religion/
Portal zu Artikeln und Links über Religionen
und religiöse Themen, betrieben von der BBC.

CESNUR: Center for Studies on New Religions
http://www.cesnur.org/
Internationale Vereinigung zum Studium des
religiösen Pluralismus und der neuen
religiösen Bewegungen.

*INFORM: Information Network Focus on
Religious Movements*
http://www.inform.ac/
Unabhängige, gemeinnützige Organisation
mit aktuellen ausgewogenen Informationen
über neue und alternative Religionen oder
spirituelle Bewegungen.

Religion Online
http://www.religion-online.org
Sammlung wissenschaftlicher Artikel,
mehrheitlich aus christlicher Sicht.

The Religion Hub
http://www.thereligionhub.com/
Interaktives soziales Netzwerk für
religionsinteressierte Menschen.

ZU DEN AUTOREN

Richard Bartholomew hat einen Ph. D. von der *School of Oriental and African Studies* der *University of London*, UK. Er hat Fachartikel über Religion und Medien veröffentlicht und betreibt folgenden Blog über Religion und Gegenwartskunde: http://barthsnotes.wordpress.com/. Er erstellt Verzeichnisse für wissenschaftliche Bücher über Religion.

Mathew Guest ist Dozent am Fachbereich Theologie und Religion der Durham University, UK. Er lehrt Religionswissenschaft, zeitgenössische Religionen in Großbritannien und religiöse Neuerungen in der modernen Welt. Seine Forschungen richten sich auf die Soziologie heutiger evangelischer Christen. Er ist Autor und Herausgeber von fünf Büchern, darunter *Bishops, Wives and Children: Spiritual Capital Across the Generations* (mit Douglas Davies), *Congregational Studies in the UK: Christianity in a Post-Christian Context* (herausgegeben mit Karin Tusting und Linda Woodhead), *Religion and Knowledge: Sociological Perspectives* (herausgegeben mit Elisabeth Arweck) und *Evangelical Identity and Contemporary Culture: A Congregational Study in Innovation.*

Graham Harvey ist Professor für Religionswissenschaft an der *Open University*, UK, wo er Ko-Studienleiter für den M. A. in Religionswissenschaft ist. Seine Forschungen richten sich auf moderne indigene Völker, insbesondere in Nordamerika und Ozeanien, aber auch in der Diaspora. Er schrieb Veröffentlichungen über Paganismus. Als Dozent behandelt er die Themen Judaismus, Pilgerwesen und Religionspraxis.

Russell Re Manning ist Dozent an der *Faculty of Divinity* und Mitglied des *St. Edmund's College* der *University of Cambridge*, UK. Seine Fachgebiete umfassen Religionsphilosophie, Theologie und Kunst und den Dialog zwischen Wissenschaft und Religion. Seine Bücher beinhalten *The Oxford Handbook of Natural Theology* und *The Cambridge Companion to Paul Tillich.*

Alexander Studholme ist Dozent für Indische Religionen am Fachbereich für Theologie und Religionswissenschaft der *Bangor University* in Wales. Seine Fachgebiete umfassen Mantras, Jungs Ideen zum Buddhismus und die christliche Weisheit nach Bede Griffiths. Er ist Mitglied der Dzogchen Gemeinschaft des tibetischen Lehrers Namkhai Norbu Rinpoche. Er ist Autor von *The Origins of Om Manipadme Hum, A Study of the Karundavyuha Sutra*.

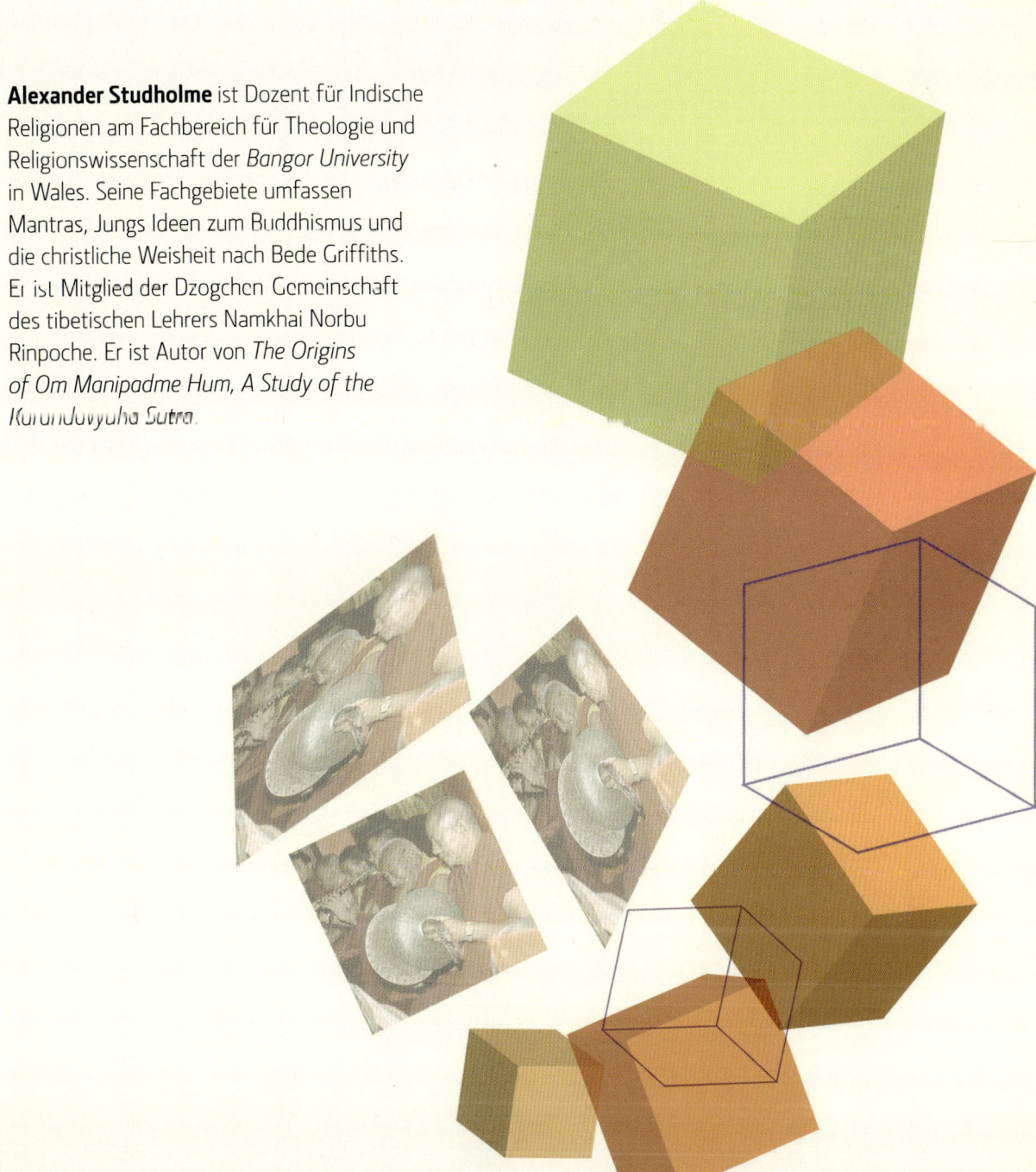

INDEX

DANKSAGUNG

BILDNACHWEISE
Der Verlag möchte gerne den nachstehenden
Personen und Organisationen für die freundliche
Genehmigung zum Abdruck folgender Bilder in
diesem Buch danken. Es wurden alle Anstrengungen
unternommen, entsprechende Bildrechte einzuholen;
für mögliche Versäumnisse entschuldigen wir uns.

Alamy/Biju: 34; Imagebroker: 38; Doug Steley C.: 52.
Corbis/Reuters/Munish Sharma: 46.
iStockphoto/Karim Hesham: 70.